JN134762

道徳科の「授業革命」

人権を基軸に

園田雅春
sonoda
masaharu

解放出版社

装丁◉森本良成

はじめに

これから「道徳」がおもしろくなる。「道徳科」の授業は週にわずか一時間。だが、やりようによっては、子どもたちが待ち遠しくてたまらない時間になるはずだ。

子どもは将来のためだけではなく、今を生きている。それゆえワクワクすることばかりではない。迷うこと、落ち込むことにもしばしば直面している。その当人たちが求めている「こと・人・教材」に出会えたとき、身をのり出して授業に参加し、こちらが教えようとしなくても、まとめようとしなくても、自分で考え、よりよく生きていくための対話を仲間と深めていく。

「人の意見を聴いていると、そんな考えもあったのかとハッとする」「モヤモヤしていたことが、スッキリする」「答えが一つに決まっていないから、よけいに深く考える」「道徳の時間って、思ったことが自由に言えて、とてもたのしい」「他の授業と気分がぜんぜん違う」……

子どもたちがこのようにすがすがしく語ってくれる授業がしたい、教室をつくりたい。そう願うのは教師のノーマルな欲望である。それを満たすためにも、子どもといっしょになって「道徳科の『授業革命』」に一歩踏み出そうではないか。本書がその一助となれば、これほどうれしいことはない。

書名の「授業革命」という表現は、戦後の綴方教師・小西健二郎の歴史的名著『学級革命』にあやかった。学級・集団の質と、授業の質は別モノではない。両者は相互に依存し合って、相乗的だ。授業の内外で「自分が大事にされている」という感情（被尊感情）を子どもがしみじみ覚えるとき、それぞれの「革命」は静かにはじまっている。だが、ここで忘れてはならないことは「被差別マイノリティ」への着眼である。困難な状況にある子どもが「自尊感情」をはぐくみ、仲間とともに輝いているのか。とくに「道徳科」では生活を見つめ、本音が語られてこそ授業が成立する。人権を基軸にした「道徳科」の授業内容と、その展開がいっそう強く求められるわけだ。が、それは何よりも当事者である子どもたちが求めていることでもある。

本書は「道徳科」の授業と人権教育について、全八章にわたって管見を述べている。各章の末尾には月刊誌『部落解放』（解放出版社）の連載コラム「子ども・教育 自由ノート」の抜粋を配した。一人でも多くの方に読んでいただき、教室で試みられることを期待してやまない。

さいごに、本書の刊行に際して解放出版社の小橋一司さんにたいへんお世話になった。ここにあらためて感謝の意を表したい。

二〇一八年 五月

園田 雅春

もくじ

コラム

第1章 「道徳科」についての重要な〝おさらい〟

(1)「せんせ、どうとくって何?」

「道徳」とは何かということを考えるとき、決まって頭に浮かんでくることがある。それは、小学一年生のつぶやきだ。

四月早々、ある母親から寄せられた連絡帳を開いて、思わず笑ってしまった経験がある。

「ママ、どうとくって何?」

一年生が、新しくもらった時間割表を見ながら「どうとく」という四文字に大きな疑問をいだいたのだ。

娘の口から突然発せられたチョー難問。これに若き母親は戸惑いながら、知恵をしぼった。そして、返答。

「それはね、人間が生きていくなかで、とっても大切な道っていうか、なんていうか……」

すると、娘はさらに問うてきた。

「ママ、そんなの、学校に持っていくの。ランドセルに入るの？」

あっぱれ。一年生の感性といおうか、ケタはずれの想像力には打ちのめされる。

子どものことばに仰天した母親は、すぐさま連絡帳に事実をしたためてくれたのである。

教室のなかでも、よく似た問いが発せられることがある。配られた学級通信を見た一年生が、つぶやいた。

「せんせ、どうとくって何？」

すると、前の席に座っていた子どもが即座に答えてくれた。

「お兄ちゃんに聞いたけど、本とか読んで思ったことを言うんやって。どうとくは、たのしく生きるためのおべんきょうや」

なるほど。いたく感動しながら聴いていると、別の子どもたちがつづけた。

「にんげんは死んだら、もう、おわりなんやで」

「そうや。にんげんって、ゲームとちがう」

「ゲームはつくりもんや。きかいでうつってくるだけやもん」

とにかく、一年生は意欲満々、好奇心旺盛。本質的で飛躍的な思考の連発が得意なにんげん集団なのだ。教室というため池に、意味ある一石が投じられると、その波紋は止めどなく広がる。

こと「道徳」についてだけではない。

「せんせ、しゅくだいはいつから出してくれるの？」

「べんきょうは、いつからはじまるの」

「はやく、かんじをおしえて」

「たしざんとわりざんもおしえて」

まさに乾いた砂が水を吸い込むような意欲と勢いにあふれている。

ところが、時を経て、今日の大学生に「自分が小・中学校で経験した道徳の時間」について訊ねてみると、当初の勢いはいつのまにか霧散しているようだ。

「道徳の授業というのは総じて一元的なものの観方しか教えてくれなかった。『いいこと』が『本当にいいこと』なのか、考えさせてくれなかった」

「とりあえず『心のノート』という本を使って、その本に将来の夢などを書いた憶えがある」

「だいたいが先生の期待する答えを予想して、それを発表しておけば済むという感じの授業が多かったように思う」

「小さな紙にクラスメイトのよいところを書いて、直接本人に渡しに行った授業のことだけ憶えている。自分のよいところも書いてもらったが、私のことを十分理解していない相手に、いくらよいところを書いてもらっても違和感が残るだけだった」

これらの意見は「自立した人間として他者と共によりよく生きるための基盤となる道徳性を

養うこと」（新学習指導要領・総則）という目標とは、かなり掛け離れたものといわざるをえない。

だが、次のような体験を書いてくれた学生もいる。

「若い母親が生まれたての赤ちゃんを抱いて、教室に来てくれた。実際に赤ちゃんを抱っこさせてもらい、出産や子育ての話をうかがった」

「小学校の時、障がい者の気持ちを理解するため、アイマスクをして校内を移動したり、車いす体験をした」

「同和問題、障がい者問題などについて学んだ。地域の人が体育館で話をしてくれたときは、全員が真剣に耳を傾けた。道徳の授業が人の気持ちを考える力に直結しているかは不明だが、知る機会は大切だったと思う」

「担任の先生が被差別部落に生まれ育ったことについて、つらい思いをした体験と誇りに思うことを生徒に語ってくれた。唯一印象深い『道徳の授業』だった」

人が人と出会い、そこからじかに学ぶ体験。これらは深い感動が五感を通じて得られ、生きていくためのバネとなる貴重な学習となるにちがいない。さらに、学んだことを言語化し、「よりよく生きるため」に、教室でこれまでの自分をふり返りながら率直に語り合う。

いまも、これまでも教育現場で、そのような取り組みが追求されてきたことは確かな事実である。

（２）教科化の人気度は「ワースト２」

特設「道徳」の時間だったものが「特別の教科　道徳」（以下「道徳科」）となった。小学校は二〇一八年度から、中学校は二〇一九年度から検定教科書を使用しての授業が本格的にスタート――。

これは日本の教育課程における、まさに歴史的大転換である。

学生たちにそのことを理解してもらうため、こんな話をする。

――これまで各駅停車しか止まらなかった小さな相川駅（阪急京都本線）に、ある日とつぜん、新しい「特別の急行」が止まるようになったようなもの。

相川駅とは私が勤める大学（当時）キャンパスの最寄りの駅である。

悲願達成。「これで町が栄える」と、小旗を振って大歓迎する人。一方、過密ダイヤになって、いっそうの騒音公害と重大インシデントの発生を案じる人。さまざまなとらえ方があることは事実だ。

道徳教育の「抜本的な充実」のために「新たな枠組みによって教科化」されたのだから、「特別仕立ての急行列車」がどのようにフル・モデルチェンジされた新型なのか、多くの人々が強い関心を寄せていた。ところが、登場したのは、これまでとそんなに代わり映えのしない車両だった。

駅の売店では特急電車の停車を記念して、名産品として「パン」を売り出そうとしたが、鉄道会社の強い意向を汲み取って、急遽「和菓子」に変更することになった……。

この例え話は、学生には予想以上に好評だった。

ちなみに、全国の小・中学校教員は「道徳の教科化」について、どのように受け止めているのか。

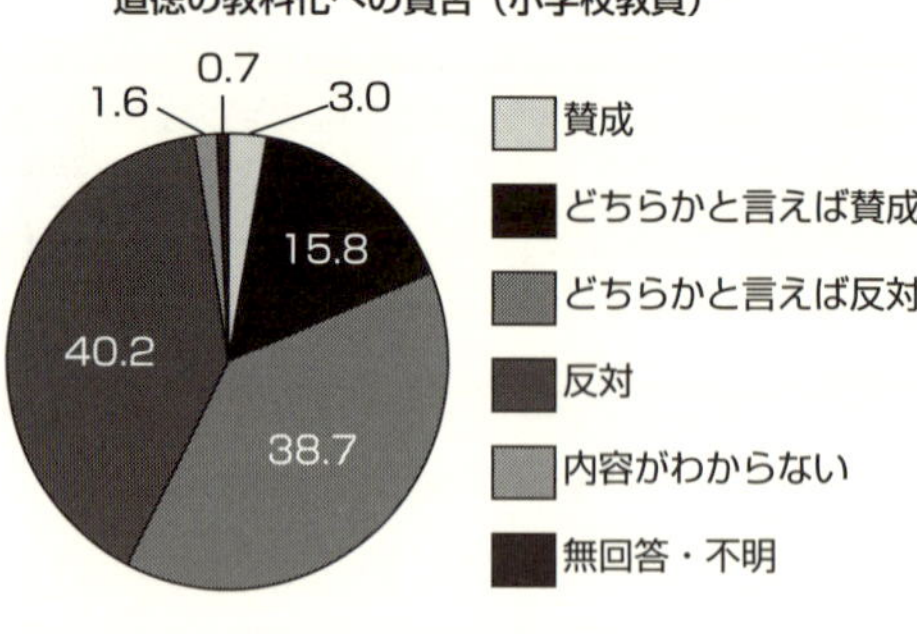

教育課程における歴史的大転換に立ち会っている教員たちは、このように受け止めていたのかと、のちのちの貴重な資料にもなるため、ここに一つの大がかりな調査結果を転載させていただくことにする。
それだけではない。歴史的な資料としてだけでなく、いま現職にある教員自身にとって「道徳の教科化」について、互いに共通の認識をもっておくことが必要と思えてならない。
その調査とは「教員の仕事と意識に関する調査」（北海道教育大学・愛知教育大学・東京学芸大学・大阪教育大学、二〇一六年）である。これは四大学の頭文字をとって「HATOプロジェクト」と名付けられた特別プロジェクトによるものだ。
貴重な調査にもかかわらず、世間の注目度がそう高くないため、一部だが紹介しておきたい。

同調査によれば、「道徳の教科化」について公立小・中学校教員の賛否のほどは円グラフのとおりである。（有効回収数三、二三五人）

小学校教員の約七九％、中学校教員の約七六％が「反対」「どちらかと言えば反対」という意思を示した。「賛成」「どちらかと言えば賛成」と答えたのは、いずれも二〇％前後という低率だった。

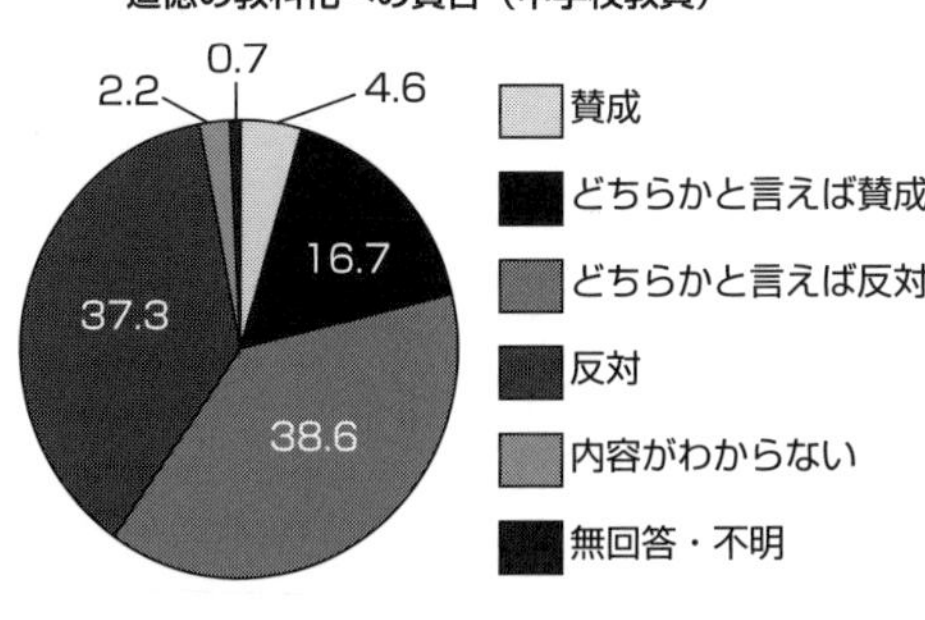

国が現在進めている（進めようとしている）「外部人材の拡充」「ＩＣＴを活用した教育の推進」「キャリア教育の充実」「校長の裁量権拡大」「教員養成の修士レベル化」などの教育改革やさまざまな取り組み一七項目のうちで、反対意見が多かったもの、つまり不人気度ナンバー・ワンは「教員免許更新制度」だった。そして、ナンバー・ツーが「道徳の教科化」という結果である。

なぜ、このような結果になったのか。理由はさまざまに考えられるだろう。しかし、子どもたちにもっとも近い教員の現場感覚と分別にもとづいたこれらの意見というものは、今後の教育改革において、優先的に尊重されてしかるべきものと思えてならない。

なお、同調査によると、賛成意見がもっとも多かったのは「学級定員の少人数化」である。小・中学校教員ともに九六%を超えている。
教育の「再生」をめざすのであれば、まず、現場を直接担っていて、子どもの実態と課題を熟知している当事者の意見を誠実に受け止めることからはじめるのが本筋ではないだろうか。

（3）「教科化」の背景はいったい何だったのか

ここで、あらためて「道徳の教科化」に至った経過と、その背景について共有しておきたい。いまさら、そんな面倒なことをと思わず、しばらくお付き合い願いたい。なぜなら、この国の道徳教育、いや教育課程上の歴史的な大転換点に立ち会っているのが私たちなのだ。「道徳の教科化」に至った経過と背景について、生き証人として、しっかりとらえておく必要性というものを強烈に感じるところである。

まず、国は、今日までの教育現場での「道徳の時間」の取り組みについて、どのようにとらえているのか。

学習指導要領の改善にむけた中央教育審議会答申[*1]（二〇一六年一二月二一日）の記述から見てみよう。

「学校や児童生徒の実態などに基づき充実した指導を重ね、確固たる成果を上げている学校がある」としたうえで、主に次の四点を問題視している。

①「歴史的経緯に影響され、いまだに道徳教育そのものを忌避しがちな風潮があること」、

②「他教科に比べて軽んじられていること」、③「発達の段階を踏まえた内容や指導方法となっていなかったり」、④「主題やねらいの設定が不十分な単なる生活経験の話合いや読み物の登場人物の心情の読み取りのみに偏った形式的な指導が行われていたりする例がある」

現状では、このような課題があるために「道徳の教科化」が必要というわけだ。

そこで、今後は「全国の一つ一つの学校において、『考え、議論する道徳』への質的転換が、着実に進むようにすることが必要」としている。さらには「答えが一つではない道徳的な課題を一人一人の児童生徒が自分自身の問題と捉え、向き合う」授業が重要だとも強調している。

道徳教育の現状と諸課題。それらについての指摘をふまえたうえで「考える道徳」「議論する道徳」へ方向転換。そして「問題解決的な学習」「体験的な学習」など、学習指導要領において具体的な学習指導の「方法」にまで国が踏み込んで、道徳を「特別の教科」とするに至ったのである。

これらは教育現場・教育関係者という「内」にむけた「教科化」の理由づけと考えてよいだろう。現状改善のためには「教科」としての位置づけが必要なのだという、いわば、おとがめ的改変という流れである。

一方、世論という「外」にむけた「教科化」の理由づけはどこにあったのか。

この点に関しては、のちに述べるとおり、世間からきわめて理解が得られやすいと思われる理由づけが選択されたといえるだろう。

（4）子どもをど真ん中に据えた教育の論理で

じつは「道徳の教科化」については、二〇〇〇年、森喜朗首相の私的諮問機関「教育改革国民会議」で、それが提言されている。このときは教科化に至らなかったものの、二〇〇二年四月から文部科学省は副教材「心のノート」を導入した。

二〇〇六年一二月、第一次安倍内閣のもとで教育基本法改定。教育の「達成目標」として「道徳心を培う」「伝統と文化を尊重」「我が国と郷土を愛する態度を養う」などが盛り込まれる。また、首相官邸に設置された「教育再生会議」の第二次報告（二〇〇七年六月）のなかで、ふたたび「道徳の教科化」が打ち出され、教科の名称は「徳育」とすることを求めた。しかし、このときは全委員の一致が見られなかった。

これと同時期、中央教育審議会は「道徳の教科化」について、教科の要件である点数評価や国の検定教科書の使用、専門の教員免許の設定などが、道徳教育にはなじまない、と判断している（二〇〇七年九月）。

こうした経緯のなかで「道徳の教科化」はいったん頓挫した。

ところが、第二次安倍内閣が発足（二〇一二年一二月二六日）すると、年明け早々「教育再生実行会議」を首相官邸に設置（二〇一三年一月一五日）。第一回総会から三三日目に「いじめの問題等への対応について」という第一次提言が出される（二〇一三年二月二六日、第三回総会）。

そのなかで、次のとおり「道徳の教科化」がふたたび打ち出された。

「いじめの問題が深刻な事態にある今こそ、（略）道徳教育の重要性を改めて認識し、その抜本的な充実を図るとともに、新たな枠組みによって教科化し、……」

三度の会議、計三時間あまりの議論だった。

これを受けて、文部科学省は有識者会議「道徳教育の充実に関する懇談会」を設置。前回は、すぐに中央教育審議会に諮問して失敗した経緯をふまえ、まず「有識者」を集めて報告書を作成したとみられている。

「有識者」による懇談会は、九か月のあいだに一〇回の会議（二〇一三年四月四日〜二〇一三年一二月二日）がもたれた。そして報告書[*2]が作成され、そのなかで「例えば、『特別の教科 道徳』（仮称）として新たに教育課程に位置付けることが適当と考える」という提言がなされたのである。

このような経過をたどったのち、翌年二月、下村（しもむら）文科大臣は「道徳に係る教育課程の改善等について」を中央教育審議会に諮問。そして、中央教育審議会も「道徳の時間を『特別の教科 道徳』（仮称）として位置付ける」ことを答申した（二〇一四年一〇月二一日）。

安倍首相の私的諮問機関である「教育再生実行会議」の提言。これを受けて、これに沿った内容が実体化されていったことは事実だが、多様な見方や考え方が存在する道徳教育、そして「道徳の教科化」について、限られた期間にどれだけ多面的・多角的な視点から議論が尽くされたのか。疑問視されている点は少なくない。

二〇〇七年に、中教審が多角的な観点から「道徳の教科化」はなじまないと結論づけたにもかかわらず、その審議内容に十分応えることのないまま拙速な答申が出された、とみなされても仕方のない結果といえる。

安倍首相はある機関誌で、次のように述べている。

「新しい教育基本法は、安倍政権で約六十年ぶりに改正したのですが、その第一の（教育の）目標には、わが国の国民の育成につとめるとともに、『道徳心』をはぐくむことを書き込みました。

法改正の『一丁目一番地』には、道徳教育の充実が掲げられています。つまり、『わが国と郷土を愛し』、文化と伝統を培うとともに、われわれ大人は道徳をきちんと教える責任があるのです。」[*3]

教育の論理ではなく、このような一連の政治主義的な流れのなかで、特別の新教科「道徳」は誕生するに至った。政府主導による「教科化」という批判は誤りとはいえない。それは、たとえば新しい教科「生活科」が誕生した経緯と比べてみても一目瞭然である。

小学校低学年の理科と社会科を廃止し、新たに「生活科」が登場したのは、一九八九（平成元）年三月告示の学習指導要領だった。さかのぼれば、一九六七（昭和四二）年一〇月の教育課程審議会答申には、次のような記述がある。

「低学年社会科については、具体性に欠け、教師の説明を中心にした学習に流れやすい内容の取り扱いについて検討し、発達段階に即して効果的な指導ができるようにすること、また、低学年理科については、児童が自ら身近な事物や現象に働き掛けることを尊重し、経験を豊富にするように内容を改善すること」

この時点では「内容を改善すること」としているが、以前から低学年社会科と低学年理科について、そのあり方が教育界では議論を呼んでいた。これが「ヨンロク答申」と呼ばれる中教審答申（一九七一〔昭和四六〕年六月）では、「とくにその低学年においては、知性・情操・意志および身体の総合的な教育訓練により生活および学習の基本的な態度・能力を育てることがたいせつであるから、これまでの教科の区分にとらわれず、児童の発達段階に即した教育課程の構成のしかたについて再検討する必要がある」と、教科の再編をも視野に入れた内容として示されたのだ。

そして、中教審教育内容等小委員会の「審議経過報告」（一九八三〔昭和五八〕年一一月）では「国語、算数を中心としながら、既存の教科の改廃を含む再構成を行う必要がある」とした。その約五年後、新教科「生活科」が誕生する。

ここに至る背後には、長年、研究者や教育研究団体を中心に、現場での実践の事実をふまえた教育的検討が重ねられてきた。低学年社会科に限っていえば、柴田義松（しばたよしまつ）（教育科学研究会）・梅根悟（うめねさとる）（コアカリキュラム連盟）・上田薫（うえだかおる）（社会科の初志をつらぬく会）など、そうそうたる顔ぶれが打ち揃うなかで、子どもの発達と学びを中心軸として、賛否両論の論争が展開されてきたのである。

本来、教育課程の大改変は政治の論理、時の政権の主導によるものではなく、子どもをど真ん中に据えた教育と科学の論理、実践的な裏付けが根本にあるべきなのだ。

「道徳の時間を『特別の教科 道徳』(仮称)として位置付ける」とする中教審答申(二〇一四年一〇月二一日)が出されたことに対して、日本弁護士連合会は文部科学大臣に次のような「意見書」を提出している(二〇一四年一二月一八日)。

「国家が肯定する特定の価値観を児童生徒に強制する結果になる危険性があり、ひいては、憲法、子どもの権利条約が保障する個人の尊厳、思想良心の自由、意見表明権等を侵害するおそれがある。したがって、文部科学省は、本答申に基づいて学校教育法施行規則や学習指導要領の改訂作業を行うべきではない。」

すでに教科化された現在では、ここに指摘されているような「危険性」「侵害するおそれ」が払拭されるような取り組みが現場に求められる。

また、シティズンシップ教育の第一人者である小玉重夫は、教科化について次のようにとらえている。

「道徳教育への抑制的な姿勢を転換し、より積極的に道徳教育を学校のカリキュラムの教科として位置づけていこうというものである。したがってそこに、教育への公権力の介入の危険性を見て取り、批判することも、的外れとはいえない。[*4]」

まさしく抑制的な表現ではあるが、政権の介入による教科化、これについて「批判」することの妥当性を述べている。

(5)「いじめ問題」に道徳教育は有効か

「教育再生実行会議」がいう深刻な「いじめ問題」とは、二〇一一年一〇月に発生し、大きな社会問題にもなった大津(おおつ)市中二男子のいじめを苦に自ら命を絶った事案である。命をも奪ってしまう「いじめ問題」は深刻かつ重要な人権問題である。これの対応策として道徳の「教科化」を導入しようというのが一連の動きであり、政府の打ち出した方策だった。まさにナショナル・コンセンサスが得られる機の到来。だれもが正面切って反対のできないいまこそ潮どきだ、これを逃す手はない、とばかりに「教科化」に打って出たと考えるのが一般的であろう。

これはあまりにも政治的な意向に過ぎると批判されても仕方のないことである。なぜなら、「いじめ問題」は道徳教育の「抜本的な充実」と「新たな枠組みによって教科化」することによって、確実に根絶へと向かうのか。その根拠はどこにあるのか。どのように実証されたものか。ここに大きな疑念が生じるからである。

現状の道徳教育が「充実」しておらず、「教科化」されていなかったために「いじめ問題」

は生起しているのだろうか。

大津市中二男子がいじめを苦に自死した事案に関して、これを検証した第三者調査委員会の調査報告書（二〇一三年一月三一日）はどのような内容だったのか。

集約すると、そこには「学校及び教育委員会に関する問題点」として「いじめ防止教育（道徳教育）の限界」について明確な指摘がなされている。

この指摘は重い。大きな教訓とすべきところであるにもかかわらず、その調査報告書が出された一か月後に「いじめの問題が深刻な事態にある今こそ、（略）道徳教育の重要性を改めて認識し……」と、先にふれた「教育再生実行会議」は道徳の教科化を提言しているのである。重要視すべきはずの大津市の第三者調査委員会調査報告書が無視されているといわざるをえない結果である。

ここで、あらためて「いじめ問題」の発生要因について把握しておこう。文部科学省・国立教育政策研究所が、興味深い調査研究の結果を公表している。

子どもを「いじめ加害に向かわせる要因」とはいったい何なのか。複数年度・複数学年のデータ分析を重ねた結果、それには三大要因があるとしている。

一つは「友人ストレッサー（ストレスをもたらす要因）」であり、二つは「過度な競争的価値観」で、三つは「不機嫌怒りストレス」である。そして「それらの要因が高まると、加害に向かいやすくなる（リスクが高まる）」と、警鐘を鳴らしている。したがって、これら「三つの要因の改善が、いじめ発生のリスクを減らすことは間違いないと考えられます」[*5]と、明確に述べている。

にもかかわらず、「道徳」を教科化することを「いじめ問題」解決策の筆頭に持ち出すのは、頭痛を訴える子どもに下痢止めの錠剤を与えるようなトンチンカンな処方といわざるをえない。あるいは、これは深刻ないじめ事件を「政治利用」するものではないのか、というとらえ方をされても仕方のないことである。しかし、一般社会や教育現場とは異次元にある首相官邸においては、単に政治上の常套テクニックにすぎないのかもしれない。

教育現場における経験知と、膨大な実態調査にもとづいた国立教育政策研究所などによる学的研究の成果。これらを尊重し、十分に活用していくことこそが、教育の視座から「いじめ問題」を着実に克服していく本筋であろう。

(6) 21歳のあっぱれ「投書記事」

さらには「道徳」を「教科」として位置づけるなら、他の教科同様に、その母学問の知見にもとづいた学びの構造がより重視されるべきなのである。「特別の教科 道徳」であれば、哲学・倫理学・政治学・社会学・法学・教育学・心理学・人権学など、体系的で客観性のある学問成果と、その深さに裏付けされた教科として「格上げ」されるべきはずである。決してアカデミズム至上主義に陥っているわけではないが、それらに裏付けられた普遍的な価値の探求という視座は重要である。

そのようになれば、「道徳科」の検定教科書も従前の副読本の焼き直しではなく、のちに紹介するスウェーデンの中学教科書のように、現行のものとは大きく異なった内容構成で、知的で魅力的なテキストとなるにちがいない。

それが実現できてこそ「考え、議論する道徳」へと実質的な「転換」が図れるはずである。何よりも、学びの主体である子ども自身が頭で考え、ハートを震わせ、自ら省察しながら「他者と共によりよく生きる」ための学びを、能動的におこなおうとすることが期待できる。

ここで、「道徳の教科化」について、兵庫県の大学生・小林高太郎さん(21)の新聞投稿文を紹介しておきたい。

二〇一七年三月二四日、文科省は「道徳科」教科書初の検定結果を明らかにした。そのとき、メディアも大きく取り上げた内容にかかわる投書である。

> 「正義とは飢えている人に食べ物を分け与えること」。漫画家で絵本作家の故やなせたかしさんの信念を体現した「アンパンマン」。泣いている子に自分の頭であるパンをちぎって差し出す行為は世界共通の正義だ。子どもにわかりやすい道徳教材と思う。
> 同じパンでもこちらのパンは道徳教育に不適切だったようだ。小1道徳教科書の「パン屋」が教科書検定で「和菓子屋」に修正された。学習指導要領の「我が国や郷土の文化と

生活に親しみ、愛着を持つ」という点が足りないと文部科学省が指摘したからだ。出版社は日本文化であることをわかりやすくするため修正したというが、道徳教科書が求めるべきはパンを差し出す優しさで、日本文化のわかりやすさではなかろう。

道徳の教科化のきっかけはいじめによる自殺の社会問題化だったはずなのに、なぜ日本らしいか否かが検定されるのだろう。私には文科省の道徳は、「道徳という名の国粋主義」に思えてならない。パンがダメなら洋食、洋食がダメなら西洋文化全般が、道徳教育に不適切と文科省は考えるのか。パン屋は道徳的に不適切な職業ではない。[*6]

「いじめ問題」が教科化の最大にして最重要なきっかけだった。それは先にもふれたとおりの事実である。この投書はそのことを歯がゆい思いで指摘し、持論を展開している。本筋をわすれるな、と良識ある市民として声を大にして叫びたいのだろう。

ことのついでに、というわけではないが、和菓子と「我が国の文化」に関して、文芸評論家の斎藤美奈子（さいとうみなこ）が「細かいツッコミならいくらでもできる」と前置きしながら、次のような興味深いコラムを書いている。

「日本のパンの元祖は、幕末の伊豆韮山（いずにらやま）の代官で兵学者でもあった江川太郎左衛門が兵糧として焼いたパンだったこと。明治初期に木村屋が開発したあんパンは発酵に饅頭用の酒種を使ったこと。一方、和菓子は遣唐使が持ち帰った中国の菓子にルーツを持つこと。和菓子の発展を促した茶の湯も、栄西が大陸から持ち帰った茶からはじまること。つまりどちらも郷土というより国際交流の賜物で、両者の間に差などない。[7]」

新学習指導要領（二〇一七年三月）の小学校高学年「道徳科」の内容項目には「我が国や郷土の伝統と文化を大切にし、先人の努力を知り、……」とある。先人の努力をないがしろにしてはいけません、この国の伝統と文化について、もっと知性豊かに多面的・多角的に学びましょう、と当コラムは教えてくれている。

また、哲学者の内田樹（うちだたつる）は毎日新聞に次のようなコメントを寄せている。

「検定で指摘を受けた教科書会社は『パン屋を和菓子屋にする小手先の修正で大丈夫』と予測し、実際その通りだったのだろう。それだけ検定側の知性が低く見られているということだ[8]」

そもそも「伝統と文化」についてオーソライズされた定説がないために「小手先の修正」でもパスしてしまうのである。

一方、新聞報道によると、政府は二〇一七年四月七日、この問題について閣議で次のような答弁書を決定している。関連記事の紹介からはじめよう。

「小学校道徳の教科書検定の結果、教材に登場していた『パン屋』が『和菓子屋』に変わった問題について、政府は七日の閣議で、『（文部科学省が）パン屋に関する記述に特定して検定意見を付した事実はない』とする答弁書を決定した。（略）答弁書では、小学校学習指導要領により、一、二年の道徳で『我が国や郷土の文化と生活に親しみ、愛着をもつこと』を扱うよう定められていると説明。そのうえで、教科書検定では『指摘事項』を『図書の内容全体』とし、『指摘事由』で『学習指導要領に示す内容に照らして、扱いが不適切である（伝統と文化の尊重、国や郷土を愛する態度）』との意見を付けたが、『パン屋』に特定した意見ではなかったとした。また、『検定意見に従って、申請図書をどのように修正するかは、欠陥のない範囲において発行者の判断に委ねられている』とした。*9」

要は「和菓子屋」に書き換えたのは教科書会社の判断であり、文部科学省は「パン屋」の箇所に限定して書き換えを指示したのではないというわけである。

それは事実にちがいない。だが、「パン屋」を没にして、代わりに「和菓子屋」を登場させた教科書ならよろしいと、検定を「合格」にしたのは文部科学省であったことも事実である。「道徳科」の教科書検定では、とくに「伝統と文化の尊重、国や郷土を愛する態度」について、細部に及ぶ入念なチェックが入ったようだ。

これは今後の教科書作成をも見据えてのことなのだろう。道徳の教科書初の検定作業において、より厳格なチェックの姿勢を示しておくことによって、今後は教科書会社が自主規制をいっそう厳密にするにちがいない、という見込みのもとにおこなわれたのだろうか。

道徳を「教科化」する第一の眼目は、やはりそこにあったのだ。そうとらえた人は少なくないだろう。

「いじめの問題が深刻な事態にある今こそ、（略）道徳教育の重要性を改めて認識し、その抜本的な充実を図るとともに、新たな枠組みによって教科化すること」

足音高く響きわたったこの意気込みは、どこに消えてしまったのか。今回の検定ではいっこうに伝わってこない。それはどうしてなのか。意気込みに応えて「いじめ問題」にかかわる良質な教科書教材が、各社ともに十分出そろったからなのだろうか。

(7) 新しい「道徳科」への一提案

ここで「道徳科」の新たな授業づくりとして一例を提案しておきたい。検定による教科書書き換え問題について、あれこれと引用したのはそのためでもある。

おとながこの問題について考え、議論することは大いに結構なことだ。しかし、学習の当事者である子ども不在の論議は、失礼であり、あまりにももったいないことである。

パン屋が登場していた書き換え前の教科書、書き換え後の教科書、大学生の投書記事、文芸評論家のコラム、識者のコメント、そして政府の答弁書。これらは「多様な教材の活用」という観点に照らすなら、とてもよい資料になりそうだ。大学生の意見と対照的な意見の投書記事もあればなおさら好ましいが、それらを学習素材として活用した授業を組んではどうだろうか。

小学校一年生の「道徳科」の授業として、とはいわない。中学校あるいは小学校高学年の「道徳科」で取り扱えば、授業は熱が入るにちがいない。

「政治的な問題」を取り上げることは控えるべきではないか、と心配する意見も出るかもしれない。が、とんでもない。これは教育内容そのものについての考察と探求である。

新学習指導要領「特別の教科 道徳」の当該の内容項目の見出しは、もちろん［郷土の伝統と文化の尊重、郷土を愛する態度］［我が国の伝統と文化の尊重、国を愛する態度］（中学校）、［伝統と文化の尊重、国や郷土を愛する態度］（小学校）である。子どもたちがアクティブに「考え、議論する道徳」の授業風景が目に浮かぶ。

たとえば「パン屋」と「和菓子屋」について、内容項目の「伝統と文化」にかかわって議論する。そうすると、日本におけるパンと和菓子の歴史を、子どもたちがさらに調べ上げていく必要も生じるだろう。校区のパン屋さんと和菓子屋さんに足を運んで、店の人に直接話を聴いたり、意見を求めたりしながら、国や郷土の「伝統と文化」について、生産現場の当事者の声から学びとることができれば、これほど貴重なことはない。近くに店がなければ、手紙を出すという手法もお勧めだが、「伝統」を引き継ぎ、守りつづけるための知恵や職人としての矜持（きょうじ）、そして現代人のニーズに応えるための苦労や努力、さらには進化発展させていくための斬新な工夫などが、子どもたちの想像を超えて深く学べるにちがいない。

そして、可能なら両者を学校に招いて苦労話などを聴く。子どもが積極的に質問もして、授業の目標にアクティブに迫る。この授業を地域や家庭にも公開する。また、関連学習として、専門家からパンや和菓子の作り方を実際に伝授してもらう。でき上がった手作りパンと手作り和菓子は、もちろん自分たちが味わう。それだけでなく、子どもたちの発案にもとづいて近くの独居老人家庭や養護老人ホームにも宅配する……。

まさに新学習指導要領「特別の教科 道徳」が指摘するように、「現代的な課題などを題材とし、児童（生徒）が問題意識をもって多面的・多角的に考えたり」することが十分に可能ではないか。もちろん「多様な見方や考え方のできる事柄について、特定の見方や考え方に偏った指導を行うことのないようにすること」は当然である。

これらは、あくまでも一つの例示であり、ここでは「パン屋・和菓子屋」書き換え問題を例にして取り上げたにすぎない。本書の校正中にも［伝統と文化の尊重］［生命の尊さ］［公正、公平、社会正義］という三つの内容項目にかかわる出来事が発生している。京都府舞鶴（まいづる）市で開かれた大相撲の春巡業中のこと。土俵上であいさつをしていた市長が突然倒れ、客席から女性（看護師）が土俵に上がって心臓マッサージを施した。そのとき「女性の方は土俵から降りてください」というアナウンスが流されたのだ。「女人（にょにん）禁制」という伝統を維持する大相撲、かたや一刻を争う「人命救助」。この現代的課題について考え、議論を深め、発展させていくことは日本相撲協会とメディアだけの役目ではない。

いまとこれから先も、社会問題化しているトピックを適切に選択し、授業のホットな題材として子どもに提供していくことを心がけたいものである。また、子どもからの「問い」や提案も尊重したい。

教室と現実社会を直結する学習活動は、「考え、議論する道徳」へと、リアリティをもって接近できる学びとなるにちがいない。むしろ、使えるものなら何でも授業のネタにしてしまおう、という貪欲な知的好奇心と実践意欲。これを教師も子どもも発揮しようではないか。何よりも、子どもが身を乗り出して学んでくれそう、という教師の直観力を捨て去るわけにはいかない。

重ねて述べるが、ここに示したものは各教科や他領域と関連させての一例の提案にすぎない。トピックを扱う場合は、とくに子どもの実態や適時性を考慮すべきことはいうまでもない。だが、トピックを活用した積極的な「教材開発」と授業の新展開。これは道徳の教科化を契機に、愉しみながらダイナミックに追求していきたいものである。

そして、このような授業を通して子どもたちが「いったい伝統と文化って何?」「それはどうして守るべきものなの?」「そうなんだ。伝統文化ってこういうことなんだ」「これまで思っていた伝統や文化は、あまりにも狭いものだった」という本質に迫るような学びができたなら、これぞ新生「道徳科」の道を一歩拓くことができるはずである。

このような「問いと思考・探求」の過程を淡白にスルーして「伝統と文化の尊重」ということばかりが頭ごなしに先行してしまうと、またもや「まず、お題目ありき」の「道徳科」となってしまい、旧来の「道徳」と何ら代わり映えのしないものに陥ってしまいかねない。

新学習指導要領「特別の教科 道徳」には、配慮事項として次のようなことが明記されている。

「道徳科の授業を公開したり、授業の実施や地域教材の開発や活用などに家庭や地域の人々、各分野の専門家等の積極的な参加や協力を得たりするなど、家庭や地域社会との共通理解を深め、相互の連携を図ること。」

ここでは、教師主導の学習に傾斜することなく、子どもが対話を深めながら、大らかに柔軟に創造的に、地域・家庭を含む「社会に開かれた教育課程」の実現をめざした授業と、それの充実を図っていくことが促されている。

必要に応じて、総合的な学習の時間のみならず、他教科、他領域と有効に関連させて、「内容項目」横断型による「道徳科」の授業の抜本的改善・充実を図りたいものである。そうすれば、子どもたちがこれまでいだいていた「道徳の授業」イメージも「抜本的改善・充実」がなされていく可能性は十二分にある。

「道徳科」の授業は「内容項目」が一時間一項目完結型にパックされたものが原則だったが、それに拘束されすぎず、そこからの脱却を創造的に構想していくことは追求の余地があるだろう。

これらは道徳の「授業革命」につながる。また、広くとらえれば「カリキュラム・マネジメント」の一環でもあり、そういった観点からも積極的に取り組んでいけばよいことなのである。

（８）スウェーデンの「知的な教科書」に学ぶ

道徳の教科化にともなう教科書のあり方について、海外の教科書から学ぶところも少なくない。

たとえば、比較的よく知られた『あなた自身の社会　スウェーデンの中学教科書』[*10]には、とても興味をそそられる。

この教科書について、あらためてふれておこう。これは義務教育八年生が使用する「社会科」教科書の「社会」に関する記述が網羅されたものである。スウェーデンの「社会科」教科書は社会・歴史・宗教・地理の四教科が一つの教科群として一冊に編纂(へんさん)されている。

「社会」の第二章「あなたと他の人々」の冒頭に、男子三名が小柄な一人の男子を取り囲んで、いじめている写真が出てくる。それは一ページ半分大のサイズだから、目に飛び込んでくる写真である。そして、次のような問いかけからはじまる。

「写真をごらんなさい。ここに写っている様子は、特に珍しいものではありませんね。……。その場にいたら、あなたはどうしますか。」

衝撃的なイントロダクションではじまり、いじめが抑止できない背景について問いかける。

「なぜ、彼らはいじめるのでしょう。私たちは彼らがそんなに大きなグループではないことを知っていながら、なぜ彼らをそんなに恐れるのでしょう。」

そう問いかけながら、子どもたちに知的に迫っていくのである。

「この問いにたいする解答の一部は、グループというものの重要性についての知識を与えてくれます。」

そのように解説して、グループには「権威的グループ」と「民主的グループ」があることを紹介する。いじめ問題に立ち向かうための知的な情報と、それを手掛かりにしながら同調圧力と正義の行使というジレンマ、内面の葛藤について深く考えることができるよう学習材が提供されていく。

心情に訴えて、とるべき態度や心がけるべきこと、あるべき姿を一方向に導こうとする、これまでにありがちな「読み物資料」のスタイルがここにはない。社会学や心理学の知見を採用しながら、自己の経験も掘り起こしつつ、知的に対話的に学びを深めていくことができる流れがこの章では工夫されている。子どもの視点に立って、しかも、いわゆる道徳臭というものをいっさい感じさせない内容で構成されているのである。

スウェーデンでは、いじめ問題がこのように「社会科」のカリキュラムのなかに登場してくること自体が注目されるべき点である。このような教材なら、建前やただ一つの結論ありきというようなことが先行する授業はおのずと回避できる。評価についても、戸惑いや悩ましさから相当解放されよう。いじめ問題に関する深い理解度や新たな気づきにもとづいて、主観を排した意味ある明解な評価が可能となる。

今回の教科化では、学びの構造化に関していえば、これまでの「道徳の時間」から「抜本的な改善・充実」がなされ、「新たな枠組み」による新しい「道徳科」の誕生となったわけである。

「考え、議論する道徳」として教科になったからには、正義がテーマなら「いったい正義とは何なのか」「なぜ、それは大切なのか」「その本質はいったい何なのか」「いつでも、どこでも、だれにとっても大切なことなのか」「これは正義といえるのか」など、いわば子どもが「哲学する時間」へと発展していくことを期待する向きもあった。これまでの「心がけ主義」「心の教育」という傾向から、教科として「多様な価値の理解と認識のあり方についての学び」「徳育と知育の統合」へと質的な変化がなされることへの期待である。

しかし、小・中学校の新学習指導要領（二〇一七年三月）に示された内容は、旧来のそれとほとんど同一で、「四つの視点」という枠組み、そして各学年における一九〜二二の「内容項目」で構成されている。マイナー・チェンジの域を超えるものではなく、抜本的改善という期待に大きく応えるものとはなっていない。

教科化の重要なきっかけとなった「いじめ問題」に関する内容の反映についても同様のことがいえる。

「小・中学校学習指導要領の改訂により、道徳科の内容の示し方について、いじめの問題への対応の充実や発達の段階をより一層踏まえた体系的なものに改善し、小学校では、第1・2

学年に『個性の伸長』、『公正、公平、社会正義』、『国際理解、国際親善』を、第3・4学年に『相互理解、寛容』、『公平、公正、社会正義』、『国際理解、国際親善』を、第5・6学年には『よりよく生きる喜び』の内容項目を追加した。」

「小・中学校学習指導要領の一部改正では、いじめへの対応や、情報モラル等の現代的課題などへの対応の充実が図られた[*11]」と、中教審答申（二〇一六年一二月二一日）には記されている。

しかし、内容項目を精読するかぎり、深刻ないじめ問題の解消にむけた内容が前面に色濃く打ち出されたわけではない。いよいよ本腰を入れ、目を見張るほど力点を置いているぞ、ということが顕著に読み取れるものにはなっていない。全学年の内容項目に、あらたに「いじめ」というキーワードが象徴的に登場するわけでもなく、「充実が図られた」とはだれが見てもいいがたい結果である。

再度引用するが、「いじめの問題が深刻な事態にある今こそ、（略）道徳教育の重要性を改めて認識し、その抜本的な充実を図るとともに、新たな枠組みによって教科化すること」という論調はいったい何だったのか。やはり、深刻な「いじめ問題」が道徳の「教科化」のために体よく政治利用された、という批判は免れない。

ただ、今回の新学習指導要領と旧学習指導要領を対比すると、注目すべき一点がある。小さな語句の変更ではあるが、すべての内容項目において共通して注目したいことなのだ。この点については、のちほどふれることにしたい。

＊1　中央教育審議会「幼稚園、小学校、中学校、高等学校及び特別支援学校の学習指導要領等の改善及び必要な方策等について（答申）」二〇一六年一二月二一日

＊2　道徳教育の充実に関する懇談会「今後の道徳教育の改善・充実方策について（報告）～新しい時代を、人としてより良く生きる力を育てるために～」二〇一三年一二月二六日

＊3　『教育再生』二〇一二年三月号、日本教育再生機構

＊4　小玉重夫「道徳とシティズンシップ教育の連携可能性」『Voters』No.19、公益財団法人明るい選挙推進協会、二〇一四年四月二五日

＊5　『生徒指導リーフ・8』国立教育政策研究所、二〇一二年九月

＊6　『朝日新聞』二〇一七年四月三日

＊7　斎藤美奈子「本音のコラム」『東京新聞』二〇一七年三月二九日

＊8　『毎日新聞』二〇一七年四月五日

＊9　『朝日新聞』二〇一七年四月八日

＊10　アーネ・リンドクウィスト＆ヤン・ウェステル著・川上邦夫訳『あなた自身の社会　スウェーデンの中学教科書』新評論、一九九七年

＊11　中央教育審議会「幼稚園、小学校、中学校、高等学校及び特別支援学校の学習指導要領等の改善及び必要な方策等について（答申）」二〇一六年一二月二一日

コラム①

「てつがく」科のある小学校

参加を申し込んだものの、出張つづきで疲労度高く、どうしようかと迷っていたとき、メールが入った。

「大学院で先生に実践教育学特論などでご指導を受けておりましたTです。院修了後、大阪府の教員を退職し、当小学校に赴任し、現在も本校で勤務しております。本校の公開研究会の申し込み者名簿を見ていた時、先生のお名前を拝見しました。……」

招待状を送ってくれるというのだから、不義理をするわけにもいかない。東京は文京区にあるO附属小学校に出かけることにした。

この学校は文科省指定の研究開発学校。つまり、二〇二〇年度実施の新学習指導要領のその次を見据えた教育課程の実践研究をおこなう小学校なのだ。

「特別の教科 道徳」の研究実践を超えて、低学年は「みがく」科、中学年と高学年では「てつがく」科を設けている。「ともに〝てつがくする〟子どもと教師」が研究の主題だ。

「道徳」が教科化されたが、教科であるなら当然、母学問の知見をベースとした学びの構造があってしかるべき。そのように考えていたとき、「てつがく」科のある学校を知って興味が湧いた。

研究会当日は、四年生の「てつがく」科の授業を二コマ参観した。子どもたちは机なし、円形になって椅子に座って学習。教師もそのなかの一画に座る。ハンドマイクを握った者だけが発言。いわゆる「サークル対話」というスタイルだ。

一時間目の教室では「『つよさ』って何だろう?」というテーマ設定で、思い思いの発言がつづいた。

「心が強い」「体が強い」「人に流されないこと」「決断できること」「意志をもっていること」などなどの意見のあと、こんな発言があった。

「人に頼れることも強さだと思う」

ここから授業の流れは一変した。

「頼れる人がいることは強さ」「人に流されても立ち直れば強さといえる」「人の助けを借りられることも強さ」「それは人を信じられるから強さといえる」

子どもたちは、途切れることなく自由に多角的に意見を述べる。それぞれの生活体験が背景にあっての発言にちがいない。だが、生活臭をいっさい出さずに、抽象化されたことばがつづいた。教師はスポンジのように意見を吸収。ややノド越しの悪い意見には説明を求めたり、自分なりの解釈をしてみせたりするスローテンポなスタンスだ。

二時間目のクラスは、ある子どもからの「問い」がテーマだった。

「プールで練習がとてもハードで、何回もテストを受けていても受かりませんでした。『やっても意味がないのでは?』と思って、プールはやめてしまいました。これはいいあきらめる?悪いあきらめる?」

一人の仲間からの「問い」に、自分の生活経験をふまえた発言がつづいた。

「プールをあきらめないで工夫すると、未来は開ける」「工夫するって具体的にどうすること?」「自分のやり方を考えること」「スケートの試験、二回落ちたけど、ジャンプのうまい子をまねたらうまくいった」「たとえばサッカーが好きでやっていたけど、つぎにやりたいことがあれば、サッカーをあきらめてもよいと思う」

前のクラスと打って変わって、具体的に語る子どもたちだ。が、自分の生活上の深い葛藤や辛（つら）いことは、もっとほかにあるはずなのにと思えてならなかった。「強さ」とはそれらが語れ、共感し合えること。この視点がほしい。

だが、他教科・領域では得がたい内容だ。子どもが思索し「対話」する新鮮な姿がそこにはあった。自分の行為や思考を仲間とともに相対化する時間になっていた。

二つの授業は、鷲田清一（わしだせいいち）がたまたま本日の朝刊紙の「折々のことば*」に書いていることと重なるところがあった。

「哲学とは人があたりまえのようにやってきたことの意味を考え、掘り下げ、人として生きるために本当に大事なことを探すこと。」

子どもにも子どもとして「本当に大事なことを探すこと」は必要である。

この小学校の子どもたちは「てつがく」科の学習をどのようにとらえているのか、授業後の協議会で質問してみた。

すると、「どんな言い方をしてもいい時間」「ちょっと考えなければならない時間」で、子どもたちは大好きなようだ。ドキドキするけれど、気分がスーッとして、充実する時間でもあってほしいと思う。

人権の視点を基軸に据えた多様性のある「問い」。これに立脚したカリキュラムの構造化が待たれる。

＊『朝日新聞』二〇一七年二月一九日

第2章　人権教育と道徳教育のつながり

(1) 大切にしたい「人権の視点」

いったい「道徳の時間」が「道徳科」に改変されたもう一つの理由はどこにあるのか。この点についてては、単に学習指導要領の一領域が「教科化」されたという観点からとらえるのではなく、次のような文脈のなかから読み解いていく必要がある。

マクロな視座では「この国のかたちとあり方」「他国との関係性」「国民としてのあり方」「家族・家庭のあり方」などに深くかかわっており、状況的には「改憲問題」「防衛問題」「教育勅語是認問題」「家庭教育支援法案（仮称）問題」「文化の日改名問題」「改定教育基本法」などなど、一連のきわめて政治的な動向や政治的な発言と直結しており、これらが教育政策に鮮明に投影されていると見ておくべきだろう。

それらは新学習指導要領「特別の教科 道徳」の次のような内容項目と直接間接に通底して

いる、という視座は大方の共有できるところではないだろうか。

「我が国や郷土の伝統と文化を大切にし、先人の努力を知り、国や郷土を愛する心をもつこと」「父母、祖父母を敬愛し、家族の幸せを求めて、進んで役に立つことをすること」（小学校第5学年及び第6学年）

「郷土の伝統と文化を大切にし、社会に尽くした先人や高齢者に尊敬の念を深め、地域社会の一員としての自覚をもって郷土を愛し、進んで郷土の発展に努めること」「優れた伝統の継承と新しい文化の創造に貢献するとともに、日本人としての自覚をもって国を愛し、国家及び社会の形成者として、その発展に努めること」「父母、祖父母を敬愛し、家族の一員としての自覚をもって充実した家庭生活を築くこと」（中学校）

しかし、ここでいったん立ち止まろう。

たとえば「父母、祖父母の敬愛」という内容が、どうして問題なのか、と疑問をいだく若手教員がいるかもしれない。そこで、この点について少し考えておくことにしよう。

「父母、祖父母の敬愛」は、当然のことで、よいことだと私も異論はない。それは私自身が自分の父母、祖父母（父方の祖父と両祖母には巡り合えなかったが）に大切にしてもらった経験がたくさんあるから、そう思うのである。ところが、自分のような経験とは対極のことしか思い浮かばない子どもが現にいることをわすれてはならない。

仮に、そのような立場の子どもがいないとしても、授業のなかで「敬愛すること」を一律にめざすということは、ほんとうに正しいことなのか。このように「道徳的な問い」をまずもちたいと思う、もつべきだと思う。

この問いについて考えるとき、大切になってくるのが「人権の視点」なのだ。「父母、祖父母を敬愛すること」について考え、学級で仲間と真剣に対話を深める学習はめざしたい。ところが、「敬愛すべきである」「敬愛しましょう」という一つのゴールに行き着くことのみをめざし、教えようとするなら、その授業は「愛の強要」となる危険性を十二分にはらんでいる。「敬愛」「愛する心」という内心の自由にかかわる問題は、まさしく「私的な領域」なのである。しかも、個の「私的な領域」について、いちいち国が教育内容のなかに盛り込んで介在してくること。その体現者としての教師の存在。これは、個の人権への介入ととらえなければならないと同時に、それの意図する背景も見ておくべきことなのである。

(2) 主権者としての市民の育成

これまで道徳教育は、「修身科」や「教育勅語」が象徴するように、時の政府や社会的経済的な情勢にもっとも強い影響を受けてきたことは歴史的な事実である。それは現代に至っても無縁ではない。

「戦後の道徳(特設「道徳」や「道徳科」)は、国民国家の形成や存続のために設けられた『修身科』の延長上にあり、その意味で道徳教育の特殊形態にすぎない[*1]」という指摘。さらには

「道徳は社会契約的に合意などされない。道徳は、国家によって、『人間』のあるべき生き方の理想像（理念）として国民に刷り込まれる」[*2]という主張もある。

では、教育というステージでどのように扱うことが望ましいのか、ということになるのだが、道徳教育が、いや教育自体が国による国民のコントロールのための道具にされるなら、もはやそれは教育とはいいがたい。

一方で、二〇一六年一二月の中教審答申にあるように、「歴史的経緯に影響され、いまだに道徳教育そのものを忌避しがちな風潮があること」[*3]という指摘がしきりになされている。このくだりは二〇一三年一二月の懇談会報告「今後の道徳教育の改善・充実方策について（報告）」[*4]や二〇一六年七月の専門家会議報告「『特別の教科 道徳』の指導方法・評価等について（報告）」[*5]の一部分がそっくりそのまま転用されたものと思われるが、歴史的経緯と今日の政治動向や教育施策を重ね合わせてみると、「教育勅語是認問題」もしかりで、良識ある市民の多くが危惧せざるをえない事実があまりにも多すぎるのではないだろうか。

このように見てくると、新学習指導要領「特別の教科 道徳」の一九〜二二の内容項目は「期待される人間像」いや「期待される日本人像」そのものの個別表現であり、教科という位置づけによって、それにふさわしい資質・能力の育成をめざしていこうとするものと見ることができる。

ここで重要なことは「いったい、だれに期待される人間像か」「だれのための日本人像なのか」ということである。

視点を変えて考えるなら、「教科化」された道徳教育が「国家（権力者）に従属的で忠実な公民」を育成することに軸足を置くのか、それとも「主権者として自己実現・社会形成にアクティブな市民」を育成することに軸足を置くのか、という点が問われてくるのである。突き詰めれば、この二極のせめぎ合いが示すとおり、教育のなかでも道徳教育は時の政府の影響を受けたり、それにもっとも翻弄されたりしやすい領域なのである。道徳教育と人権教育が密なる親和性をダイレクトに担保できにくいという不幸も、このあたりにあるといえるだろう。

夏目漱石が記した『断片』には「強者の都合よきものが道徳の形にあらわれる」とある。*6 道徳教育の潮流が、仮に「国家（権力者）に従属的で忠誠な公民」を育てることへと傾斜していくようであるなら、それは個人の尊厳を軽視する内容へと向かう教育になってしまうことは自明である。そのような状況に向かうなら、また向かわないためにも、いっそう「個人の尊厳、人権の尊重について深く学ぶ」人権教育に取り組んでいくことが必要であり、その充実を図っていかなければならないのである。

（3）人権教育の充実なくして「道徳性」に実りなし

今日的に道徳教育と人権教育の関係性を具体的にどうとらえ、どのように取り組んでいけばよいのだろう。

この点について、私の考えはきわめて単純である。結語を一言で述べるなら「人権教育の充実なくして『道徳性』に実りなし」である。胸を張って、そう断言したいと思う。

「特別の教科 道徳」は、すでに出発進行中である。そのため、教育現場と教育関係者が知恵と力を総結集して、子どもが意欲的に学ぶ価値のある内容の創造とその取り組みをどう図っていくのか。それがいままさに問われている。

とはいえ、現場では道徳教育の推進に関して、「道徳科」を中心に今後ますます計画性とその結果説明が求められるにちがいない。たとえば、「道徳科を要とした道徳教育」の年間カリキュラムと「別葉」の詳細な作成。検定教科書の使用実績。それを中心とした「道徳科」の指導計画と実施報告、指導と評価に関する各種研修会への参加、校内研究会や研究授業の実施などなど。

教科化によって、現場の多忙化がいっそう進行することは明らかである。その結果、これまで誠実に積み上げてきた自他の人権の尊重についての学習、差別の現実に学ぶ人権教育の取り組みが薄まったり、ないがしろにされたりするような事態が生じることだけは絶対に避けなければならない。何よりもそのような事態が進行すればするほど、子どもたちに「道徳科」は「わかりきったことばかりの退屈な教科」「ほんとうに思っていることが言えない時間」「魅力のない時間」と思わせてしまう可能性は大いにあると考えられる。

では、人権教育の取り組みを希薄化・形骸化させることなく、「道徳科」をより充実・発展させていくためにに必要なこととはいったい何だろうか。

それについても、私の考えはきわめて単純だ。

次のような点検の柱を立てて「道徳科」の授業を展開していくことである。

「子どもの生活背景や事情を尊重した道徳科になっているか」

「被差別マイノリティの子どもが輝く道徳科になっているか」

「差別の現実に深く学ぶ道徳科になっているか」

この三つは順不同だが、つねに堅持したいものだ。

そのように書くと、「これは人権教育ではないか」と首をかしげる人がいるかもしれない。とんでもない。道徳教育の要として位置づけられている「道徳科」においておこなう授業を、この三つの点検の柱をきちんとふまえながら展開するのである。

仮に、検定教科書の教材に、この観点が抜け落ちているなら補充をおこなう。場合によっては他の教材で補完したり、差し替えたり、開発したりする必要もあるだろう。

「道徳科」の内容項目を検討することによって明らかになること。それは各項目に示された道徳的諸価値というものが、一人ひとり生身の人間である子どもの多様な姿を度外視し、子どもを十把(じっぱ)ひとからげにマスとしてとらえていること。そして、一定の「あるべき姿」「望ましい生き方」を指し示しているという点である。これは個としての子どもの尊厳と、さまざまな立場や状況を有する子どもが現に存在しているという事実を尊重する観点が、あまりにも薄弱ではないかという指摘を免れない。

この点に関して、上田薫は次のように手厳しくもエレガントな表現で徳目の批判をおこなっている。

「徳目は普遍性の道徳に関する申し子である。しかしこの普遍性は、じつは個性の脱落以外のものではない。言いかえれば内容の喪失以外のものではない。[*7]」

今日示されている内容項目も同様に「個性の脱落」という批判は免れない。「個性の脱落」とは、人権教育の視点からすると「個の尊厳の脱落」「多様性の脱落」と言い換えることができる。

その事例として、小学校高学年の内容項目に限定して、いくつかを見てみよう。

（４）「家の数だけある　家族のカタチ」

［正直、誠実］「誠実に、明るい心で生活すること」とある。「明るい心をもって生活することを心がけようとする姿勢」をもちたくても、どうしてももてない事情や立場を抱え込んでいる子どもが教室にはいるではないか。

［節度、節制］「……、生活習慣の大切さについて理解し、自分の生活を見直し、……」とあるが、生活を見直したくても、どうしても家庭の事情で自己努力だけでは朝食がとれない、早寝早起きが不可能な子どもがいるではないか。

このような子どもたちが元気を出して「よりよく生きていこうとする」力をいかにはぐくんでいくのか。それが、私たちのめざす人権教育のミッションの一つである。

〔家族愛、家庭生活の充実〕「父母、祖父母を敬愛し、家族みんなで協力し合って楽しい家庭をつくること」とあるが、どうしても敬愛の念をいだくことのできない事情や背景を有する子ども、現在もそれを有している子どもがいるではないか（「父母」という表現は、教育現場ではとうの昔から使用しないようにしている名詞であり、通常は「保護者」という表現を常用しているはずである）。

ここで家族・家庭に関する内容項目に焦点化して、もう少し具体的に検討していこう。学習指導要領解説「特別の教科　道徳編」（文部科学省、二〇一七年六月）のなかには「15　家族愛、家庭生活の充実」として、内容項目に関する解説が次のようになされている。

「児童が生を受けて初めて所属する社会は家庭である」「家庭は、児童にとって生活の場であり、団らんの場」「児童は家庭で家族との関わりを通して愛情をもって保護され、育てられており、最も心を安らげる場」「自分の成長を願って無私の愛情で育ててくれたかけがえのない存在である家族」「児童が家庭生活の中で、家族が互いの立場を尊重しながら家族に貢献することの大切さに気付いていくように……」

このようにつづく。

〔第1学年及び第2学年〕の指導の要点としては「家族の一員であることに喜びを感じなが

らも家族から守られ……」「成長を願い無私の愛情で育ててくれている」。〔第３学年及び第４学年〕の指導の要点としては「愛情をもって育ててくれていること」「自分が家庭生活におけるかけがえのない家族の一員であること」「家族みんなで協力し合って楽しい家庭をつくろうとする態度」。〔第５学年及び第６学年〕の指導の要点としては「成長を願って愛情をもって育ててくれた家族」「尊敬や感謝を込めて家族の幸せのために自分には何が貢献できるのかを考えてみる機会を設定すること」「家族が相互に深い信頼関係で結ばれていることについて考えを深められるよう指導すること」……

そのようにつづく。

一部を抜粋してみたが、その冒頭で「児童が生を受けて初めて所属する社会は家庭である」と述べている。すべての子どもにとってそれは事実なのか、という疑問を呈したいところだが、そのように記したうえで、家族のあり方論、機能論からはじまり、家族への敬愛と感謝の念の表し方に至るまで、あまりにも個人家庭の敷地内に踏み込んだ解説がつづく。いや、解説の域を超えて、「家族のあり方への国の介入の強化である」という指摘が当たっている。

「何が望ましい家族のあり方なのかについて、政府や自治体が一概に決めることはできないし、決めようとすることは、憲法十三条に定められている個人の尊重、生命・自由・幸福の追求の権利の尊重の基本原則に照らしても端的に不当である」[*8]

このような指摘があるように、問題性をはらんだ内容であることは確かである。なぜ、国はそこまであるべき家族像、あるべき家庭教育にこだわるのか。それは「家庭教育支援法（仮称）」の制定問題とも関係している。次の指摘は鋭い警鐘として注目しておかねばならない。

「家族という、大半の人々が属する集団を、根底から思うままの形に変えたい、それによって国民を掌握しコントロールしたい、という強い欲望がそこには見いだされる*8」

子どもは家庭において社会集団の一員であることをしっかりと自覚させ、尊敬や感謝の念を込めて家族の幸せのために自分には何ができるのか考えさせることが何よりも大切なこと。この訓育を中核として、学校・地域・職場と広がる社会空間においてもその一員としての立場と自覚をわすれず、それぞれの社会に貢献すること。そして、最終的には「国家及び社会の形成者として必要な資質が備わるようにすること」が重要なのだとする潮流である。

この構造はロシアの民芸品マトリョーシカ人形さながらの入れ子構造といえる。個人の尊厳を重んじ、多様性を尊重する「納豆型」社会ではなく、国民を「豆腐型」にまとめ上げようとするものと見ておくことが妥当であろう。

学習指導要領解説「特別の教科　道徳編」は、どのような家族のかたちや家庭状況を念頭に置いたうえでの解説なのだろう。

学校によっては、ひとり親家庭に育つ子どもが四割、五割を超えている。全国調査を見ても、子どものいる世帯のうちで、母子世帯は約六・八%、父子世帯は約〇・八%。現在の日本において七・六%、すなわち約一三世帯に一世帯がひとり親世帯なのである。そのなかで子どもは日々を生きている。[*9]

また、保護者から虐待を受け、敬愛の対象どころか恐怖の対象として、毎日小さな身体と胸を痛めている子どもがいる。児童養護施設で暮らしている子どももいる。これらの子どもたちを含め、マイノリティの存在をわすれるわけにいかない。

そのような状況にある子どもたちに、この内容項目に関する解説は何と冷たい表現であろうか。

民放（MBS）番組『住人十色』のサブタイトルがすばらしい。

「家の数だけある　家族のカタチ」

これを承認し、尊重することが基本的に重要なことであり、それらの家庭を保護し、生活の支援を図る政策の充実義務が国にはある。その点を薄めて、家庭生活の充実を道徳性によってまかなおうとする傾向は容認されるものではない。

(5)「二分の一成人式」を問い直す

「なお、多様な家族構成や家庭状況があることを踏まえ、十分な配慮を欠かさないようにすることが重要である」と、解説には記されている。二行の補足である。「十分な配慮」とはいったいどのようなことを指すのだろう。広辞苑によると、配慮とは「心をくばること。心づかい」である。そのような「心くばり」だけで済ませてよいものか。済ませられるものなのだろうか。

マイノリティをはじめ多様な子どもたちへの「十分な配慮」「親切、思いやり」「理解」「誠意」「敬愛」が感じ取れない内容になっているといわざるをえないのが残念である。

その分、教育現場においてこそ、マイノリティの子どもや多様な環境下にある子どもへのまなざしをいっそう熱く注ぎ込み、先に示した三つの点検の柱を大切にした「道徳科」の取り組みを充実させていきたいものである。

ところが、現場に委ねられている「十分な配慮」が行き届いていないケースがしばしば報告されている。

その象徴的なものが、特別活動・総合的な学習の時間・「道徳科」と関連させた学年行事「二分の一成人式」の取り組みである。

「いまでも思い出すのは、抱き合って泣いたり、ほほえみ合ったりする親子の中で、一人ぽつんと、どうすればいいのか分からずにいたあの瞬間です。」

都内の高校に通う女性(18)が新聞に寄稿している。*10

幼い時から、すぐに手を上げる父親でした。裸にされてたたかれたり、投げられたり。

決まって母親がいない時で、助けを求めることもできません。母親は機嫌が悪いと「産まなきゃよかった」「早く出て行け」と言いました。親は「恐怖の対象」でしかありませんでした。

式のために感謝の手紙を書く授業。周りはどんどん筆が進み「書けたー」という声があちこちから聞こえてきます。「『ありがとう』って、何を？　みんな何を書いているの？」。必死で考えましたが、思い浮かびません。とはいえ、ウソを書くのは、いやだ。ひねり出した「習い事、ありがとう」などに、先生からは「もっと真面目に書きなさい」と、２、3回書き直しを指示されました。

当日は、それぞれ自分の親の前で手紙を読むことになっていました。母親がどんな反応をするかびくびくしていると、周りには泣いている親や、その親に抱きついて泣く友だちも。「何してんの？」。わけが分かりませんでした。そして、そうできない自分は他人と違うのだと、初めて感じました。

長い引用になったが、今日、全国紙が一面を割いて特集を組むほど「二分の一成人式」は社会問題化している。

同特集に、小学生の孫と二人で暮らす女性(75)は次のような文を寄せている。

「孫が3年生の1月、『学校だより』に２分の１成人式の様子が載っていました。親に感謝する行事で、校長は称賛しています。『こんな行事があるなんて！』。担任に手紙を書きました。なぜあえて、みんなの前で感謝を読み上げるのか。なぜわざわざ、母親がいないことを発表しなければいけないのか。そんな疑問をぶつけ『やり方を考えて欲しい』と訴えました。すると、渡したその日の夜に、担任から『私も本当は反対です』と電話がありました。4年生の担任とも話し合い、『前向きで、すべての子どもが同じ立場でできる内容に』と要望しました。その結果、将来のことを発表する会になったそうです。担任からは『熱心な先生もいて、教師同士ではおかしいと言いにくい。保護者から言ってもらえたので、対応できました』と言われたそうです。」

いくつもの問題点が浮かび上がる内容だが、一人ひとりの子どもの立場を尊重するという人権の視点があまりにも希薄だという訴えである。マイノリティの子ども、あるいはその保護者が辛（つら）い思いをしなければならない事態が、ここに浮かび上がっているのである。

「二分の一成人式」の実施にこだわるなら、自分が成人するまでのこれから先一〇年間をどのように生きたいかという希望を、地に足を着けて仲間と語り合う場とするほうがよっぽど建設的ではないだろうか。

(6) 仲間づくり・学級づくりは「教育の土台」

「十分な配慮」にかかわって、ここに対照的な取り組みがある。ぜひ紹介しておきたい。

ある六年生女子の学びと育ちの姿が伝わってくる、三重県伊賀市立柘植小学校の実践である。一部だが、引用させていただく。

三歳の頃に、自分たち姉弟や家族を捨てて出ていった父親に対して、「うちは、おやじがきらいや。あんなおやじなんか……。」と、つぶやくみさき（仮名）という子どもがいました。

みさきは、祖母からの「あんなんおやじとちがう。他人や。」という言葉や、心の病で仕事についていない母親の姿を見るにつけ、父親に対する憎しみは強くなっていきました。しかし、担任の何回にもわたる家庭訪問でのみさきとの話し込みや、学校での人権・部落問題学習を進めていく中で、「うちら姉弟を捨てて出ていったおやじやけど、そのおやじと母親がいたからこそ、いまの自分が存在するのだ」と気づき始めます。

さらにみさきは、限られた父親との記憶をたどっていく中で、「本当は、自分たちとも別れたくなかったのかも……。」と少しずつ変化していきます。

しかし、彼女は「今度、出会ったときには言いたいことがある。」と言います。「『なんで、うちらを捨てて出ていったん。うちらのことどう思ってるの?』と聞きたい。でもその時は、『はずかしくない自分を見せていきたい。』」

「はずかしくない自分って何や?」と聞くと、「それはバリバリ働いている自分や。」と言います。
彼女は、将来、理学療法士をめざしています。職場体験もその関連施設に行きました。そのためには勉強が大事で、苦手な算数もがんばろうと決意していくようになっていきます。[*11]

取り組みのごく一部分が切り取られたものだが、ここには「配慮」という概念をはるかに超えた質の高い「寄り添い」と「ツッコミ」の実践がある。担任の、そして学校ぐるみの地道な粘り強いかかわりを通して、彼女は顔を上げ、これまでの自分を見つめ直し、前を向いて生きていこうとしているのである。

仲間づくり・学級集団づくりを教育活動の「土台」としている柘植小学校である。人権教育とキャリア教育をクロスさせて取り組まれてきた成果の一端が報告されたものだが、彼女の変容が周囲の仲間たちにもたらした影響も計り知れないことだろう。

人権教育を基軸とした「道徳科」の教育展開について、実践の方向性と具体的なイメージを明確に与えてくれるものと思えてならない。

この報告を読むと、仲間づくり・学級集団づくりの取り組みが脆弱(ぜいじゃく)な学校や学級では「教育の土台」を大きく失っているといわざるをえない。ところが、その学校の当事者はそのようにはとらえずに「子どものプライバシー保護」「個人情報にかかわることはふれないほうがよい」「学校が家庭の問題に踏み込むことはできない」などの理由をあげて、取り組みの脆弱さには目を向けようとしない傾向がしばしば見受けられる。

たしかに人権尊重の観点から、軽率に取り組むことは許されない。それはいうまでもないが、教師と子ども、子どもと子ども、保護者と教師の関係性の質、ふだんの教育活動（授業、仲間づくり・集団づくり）の質そのものによって、実践の質もスタンスも大きく左右されることをわすれるわけにはいかないのである。

(7)「ク・ラ・ス集団」か「エレベーター集団」か

一言でいうなら、いま担当している学級（学年）は「喜怒哀楽が共有できる『ク・ラ・ス集団』」を日々めざしているのか、どうかということなのだ。授業のなかであれ、生活のなかであれ、それをめざして、ときには泥臭く、ときにはカッコよく、本音を突き出してわいわいガヤガヤ朗らかに仲間とかかわり、支え合い学び合う「クラス」なのか。それとも、エレベーターにたまたま乗り合わせた客同士のように、一定の距離を置いたよそよそしい、そして一見平穏な関係が維持されることをよしとする「エレベーター集団」なのか。

後者のような「集団」であれば、授業における学び合いの質的な深まりでさえ大きな壁に突き当たることは明白である。もちろん、「道徳科」の授業の質的な深まりも例外ではない。ただし、それを当事者が互いに気づけているかどうかがもっとも重要な問題なのだが。

また、「エレベーター集団」であれば、保護者もそれを機敏に感じ取ったうえで、担任との距離の取り方も、かかわり方も定めてしまうにちがいない。

「二分の一成人式」について、先に引用した記事のなかに、ある保護者の意見「式に参加して思う」が掲載されている。

「特に全員が仲が良いわけでもないたまたま同じクラスにいるという人々の前で、なぜ、子供が親への感謝の手紙を読んで、親が子供へのメッセージを読む必要があるのか？　と疑問だった」

この保護者にしてみれば、なぜエレベーターのようなところで「子供が親への感謝の手紙を読んで、親が子供へのメッセージを読む必要があるのか？」という思いなのだろう。ただ、わずかの救いは「特に全員が仲が良いわけでもない」という記述だ。

はた目から見ても、ほのぼのするぐらい仲が良くて、保護者としても誇らしくて、頼もしいクラスであれば、このような疑念は生じなかったのではないか。事の分水嶺（ぶんすいれい）はここにあり、と理解しておきたい。

「『クラス』とは苦（ク）と楽（ラ）を吸（ス）い合って共にくらすところ」ととらえ、ことあるごとに子どもたちとそれを実質化し、保護者にも「そのような『ク・ラ・ス集団』のなかでこそ、一人ひとりの子どもが育つのだ、という実感をお互いに共有していきましょう。参観日のときも、運動会や学校行事の際も、ぜひそのような観点でわが子を、そしてまわりの仲間の姿をじっくり見守ってほしいと思います」と伝えていくことが、まずは重要ではないだろうか。

「エレベーター集団」ではなく、めざすべきは「ク・ラ・ス集団」である。

この「ク・ラ・ス集団」はもともと「ある」ものではない。教室内にもともとあるのは、せいぜい黒板か、机や椅子である。一年かけて子どももともども、保護者も参加してつくっていくものなのだ。苦楽をともにする過程を経ながら「なる」ものである。そして、次の学年へと送り出す。

たとえば、先ほど紹介した三重県の柘植小学校においても一年生の段階から、いや保・幼・中との連携の中軸に「仲間づくり・学級集団づくり」が「教育の土台」として位置づけられている。そのため、エレベーターのような空気感とは対極の「ク・ラ・ス」づくりがめざされ、その取り組みの過程でみさきさん（仮名）も自分の家族のことを語ることができるのである。それを受けて、仲間も自分のことを語っていき、いまとこれからの自分たちのよりよい生き方について思いを深めていくことができたのである。

自分の学校ではそのような体制が整っていないからムリ、と決めつけられては困る。そのような体制づくりをひたすらめざすこと。同時に、そのような「ク・ラ・ス」づくりをまず足元から一歩ずつスタートさせて、一人、二人と賛同し、取り組みはじめる同僚を増やしていくこと。何よりも「喜怒哀楽が共有できる『ク・ラ・ス』って、気分がよくて最高！」と言ってくれる子どもたちの出現をめざすことである。わが子のその声、その表情に直面した保護者は、頼れる熱い応援団になってくれると確信しようではないか。

学級づくりの意味とその方法については、第8章で詳しく述べることにしたい。

これまで内容項目にかかわって、例をあげながら課題を探ってきたが、新学習指導要領「第一章 総則」には、象徴的なことが書かれている。

「道徳教育を進めるに当たっては、……日本人の育成に資することとなるよう特に留意すること。」

これは、はやりの言い回しをすれば「日本人ファースト」ということになるのか。いや「日本人オンリー」ということになる。エスノセントリズム（自民族中心主義）といわれるものであり、偏狭なナショナリズムそのものという批判を受けても仕方がないだろう。

総則の「第1」の段階で、外国にルーツをもつ子どもたちの「育成」については蚊帳（かや）の外に置かれようとしているではないか。そう読み取る人も少なくないはずだ。

あらためて、子どもの権利条約第二九条を見てみよう。

「締約国は、児童の教育が次のことを指向すべきことに同意する。

(a) 児童の人格、才能並びに精神的及び身体的な能力をその可能な最大限度まで発達させること。

(b) 人権及び基本的自由並びに国際連合憲章にうたう原則の尊重を育成すること。（以下略）」

日本は締結国である。しかも、条約を国会で審議・承認し、国際的に宣言した批准国（一九九四年）なのだ。子どもの権利条約の実行と進捗状況報告の義務がある。

私が住んでいる住宅地にも外国籍の人々をよく見かけるようになった。近くの公園でも外国籍の子どもがジャングルジムに登って、近所の子ども同士でふつうに遊んでいるのが日常風景である。それが現代の社会であり地域なのだ。

一つの教室のなかに「日本人」ではない子どもがいるケースは通常となりつつある。たとえば愛知県知立(ちりゅう)市立知立東小学校では、全校児童二八〇人中、外国人児童が一六〇人以上在籍。全児童の五七％を超える人数であり、国籍数は一一カ国に及ぶという[*12]（二〇一七年度）。同校の外国籍児童数は年々増加傾向にある。

そのような今日、教育現場では子どもの多様性をつねに念頭に置いて、具体的な教育活動を展開している。これは先の三つの点検の柱が堅持されているという証(あかし)でもあるが、「道徳科」の授業のなかにおいても、当然そうでありつづけることが重要である。

また、知立市の小学校を例にあげたが、この学校は特別なケースと見なすのではなく、先進校ととらえるべきである。一〇年後を見据えるなら、自分たちの自治体や地域、学校も子どもたちの多様性がより豊かになっているにちがいないだろう。

このように見てくると、道徳教育と人権教育の相違性という側面が、いっそう浮き彫りにされてくることになる。

道徳教育は子どもをマスでとらえて「よりよい生き方」「公民としてのあるべき姿」の基盤としての道徳性を身につけさせようとしてはいないか。そして、ときにはすべての子どもを「一つの鋳型」「国が定めるあるべき姿」にはめ込んで、あまりにも特定の秩序のなかで生きるように仕向けてはいないだろうか。

そうであるなら、マイノリティの子どもはもとより、一人ひとりの子どもの個人としての尊厳が、しばしば軽視されたり否定されたりしてしまうことになりがちである。

マイノリティの立場にある子ども、同時に一人ひとりの子どもの人権を尊重することを起点とした学びの推進（人権としての教育）、そして部落差別をはじめとするさまざまな人権課題そのものについての学び（人権についての教育）を広げ深めて、ユニバーサルな展開を図っていく営みが人権教育なのである。

（8）授業実践に「二点・八項の視点」

これまでの教育現場における取り組みをふまえ、これからの「道徳科」の取り組みをおこなっていくために、三つの点検の柱を大切にしたいと述べてきた。

それらをもう少し詳しく整理するなら、次の「二点・八項の視点」に集約することができるだろう。

1 一点目は、「道徳科」を要とする道徳教育を含む教育課程全体において、人権教育が基軸として位置づけられること。

現在もこれまでも、一人ひとりの子どもの尊厳ということが教育の最重要基軸であり、これからもそうであるべき、教育をおこなううえでの大前提である。

なお、ここでいう「人権教育」とは「人権についての教育」と「人権としての教育」の二つである。前者は「人権課題についての系統的な学び、反差別の学び」であり、後者を煎じ詰めれば「自尊感情の形成」としてとらえておきたい。

2　二点目は、「道徳科」に焦点をしぼり、毎時間の授業においても「人権教育」の視点がことごとく生きているということ。

そして、「人権についての教育」の視点として、とくに次の四項を大切にしたい。

①個人の尊厳・反差別の視点（個別的な人権課題解決の視点）
②多文化・多様性・地域性の視点
③平和・環境・国際連帯の視点
④自立と共生の視点

また、「人権としての教育」の視点として、とくに次の四項を大切にしたい。

①自尊感情（絶対的自尊感情・相対的自尊感情）形成の視点
②被差別マイノリティの子どもの「被尊感情」形成に着目した視点
③「生活」とその背景を見すえる視点

④当事者主権尊重の視点

いうまでもなく、自尊感情の形成は、人権感覚がはぐくまれるための根幹と考えられる。自尊感情がつねに低位で、自己差別感情をいだかざるをえない状態にある子どもに「相手の人権を大切にしなさい」と、いくら声高に叫んでみても、悲しいかな、まったく響かないだろうし、届くはずもない。

さらに、合わせて八項からなるこれらの視点は、教師のみがもつべきものではなく、子ども自身がそれらの視点について理解し、その価値に気づき、態度・技能も含めていかに主体的・積極的に自ら形成していこうとするのか。それを重要なポイントとしたいものである。

＊1　松下良平　日本教育学会「近畿地区」研究活動、二〇一七年
＊2　松下行則「『道徳的に考える』とはどういうことか（1）」『福島大学人間発達文化学類論集』第一〇号、二〇〇九年一二月
＊3　中央教育審議会「幼稚園、小学校、中学校、高等学校及び特別支援学校の学習指導要領等の改善及び必要な方策等について（答申）」二〇一六年一二月二一日
＊4　道徳教育の充実に関する懇談会「今後の道徳教育の改善・充実方策について（報告）～新しい時代を、人としてより良く生きる力を育てるために～」二〇一三年一二月二六日
＊5　道徳教育に係る評価等の在り方に関する専門家会議「『特別の教科　道徳』の指導方法・評価等について（報告）」二〇一六年七月二二日
＊6　『漱石全集　第11巻　「日記及断片」』漱石全集刊行会、一九二四年

＊7　『上田薫著作集6　道徳教育論』黎明書房、一九九三年
＊8　本田由紀・伊藤公雄編著『国家がなぜ家族に干渉するのか』青弓社、二〇一七年
＊9　厚生労働省「ひとり親家庭等の現状について」二〇一五年四月
＊10　『朝日新聞』二〇一七年六月二六日
＊11　二〇〇九年度全国人権・同和教育研究大会地元特別報告より
＊12　杉浦茂「国際化する日本の学校の中で 学校行事」『児童心理』第七一巻二号、金子書房、二〇一七年二月

コラム②
自尊感情を高める詩

「死ぬのがコワイなんてさあ、ちゃんと生きてない証拠だと、おいら思うよ。できること、やることとやってたらさあ、それで満足でしょう。」

生命保険会社のCMだ。この口調から、だれが語っているかは、きっと見当がつくにちがいない。

モノトーンの画面。北野武（きたのたけし）が語りかける。たびたびテレビで放映されたため、多くの人々の耳目には印象深く残っていることだろう。

人生篇・家族篇など、いくつかのバージョンがある。北野自身が書いた詩の一節を語っているものもある。『僕は馬鹿になった。』（祥伝社）という書名の文庫本に収められている詩だ。よほど本人も気に入っている一節なのかもしれない。この詩自体が圧巻である。

まずは、その詩を紹介してみよう。

人は何か一つくらい誇れるものを
持っている

何でもいい、それを見つけなさい
勉強が駄目だったら、運動がある
両方駄目だったら、君には優しさがある
夢をもて、目的をもて、やれば出来る

このあと、さらに三行つづいて終わる。基調は「励ましのメッセージ」である。

あなたなら、結びの三行をどのようにしたためるだろう。新しい世界へ旅立つ人に贈ることばとして、あるいは落ち込んでいる人を前にして。

ぜひともいま、手元の余白に、あなた好みの三行を書き添えていただきたい。身構えず、自然体でご自身の思いをさりげなく、どうぞ。

三分間、お待ちしましょう——。

いかがですか。どのような三行を添えられたでしょう。声に出して、読んでもらいたいものです。

〈人はだれでも『よいところ』を持っている。間違いなく持っている。さあ、それをさがす旅に出よう。〉

〈欠点ばかりに目を向ける必要はない。もっと自分に誇りを持とう。あなたを応援する人はたくさんいるのだから。〉

いや、もっとすてきな三行をしたためられたにちがいないだろう。では、北野自身はどのような三行で結んでいるかというと

こんな言葉に騙されるな、何も無くていいんだ
人は生まれて、生きて、死ぬ
これだけでたいしたもんだ

詩の題名は「騙されるな」としている。北野らしい内容展開といえるかもしれない。だが、その詩をはじめて知ったときは、この三行の結びに大きな違和を感じてしまった。「世界のキタノ」と称されるほど、才能を高く評価されている人物である。それゆえに「しょせん、成功者のたわごとではないか」「持てる者の余裕が言わせたものだ」とさえ思えた。

しかし、最近は少し考えが変わってきた。この三行は、北野がこれまでひそかにいだきつづけてきた「開き直りの人生哲学」なのではないか、と。

「人は生まれて、生きて、死ぬ」という一節。これはCMのなかでも語っているが、純化された人間の在りようを、根源的な価値としてとらえたものだ。生きることの原型をここに見いだし、つねにそこに回帰していくかぎり、こわいもの知らずの開き直り精神がめらめらと燃え上がるのだろう。その結果、自身のもてる才能も見事に開花していったのではなかろうか。

詩の前段は、人の「取り柄の有り無し」という点にこだわった内容を表現している。これは「相対的自尊感情」の形成にかかわるものといえる。

それに対して、後段の三行は「絶対的自尊感情」の形成にかかわる内容を表現したものといえる。「取り柄の有り無し」という問題を、いっさい超越した内容となっているのである。取り柄などなかったとしても、なお存在する人の価値。それについて端的に述べている。

これは勝手な憶測だが、北野は「絶対的自尊感情」をかくも淡々と自覚していたがゆえに、それに随伴して「相対的自尊感情」も、高々と形成できる状況を獲得した人物なのではないか。

しかし、北野は別の詩では「ポケットの金で満足か、そーか、じゃあ、さっさと死ね」（同書）と、より貪欲に生きることを挑発的に促している。

激しすぎる二つの極。そのはざまを、人は揺れながら生きているのだろうか。

第3章 「道徳科」の授業と人権教育

(1) 手回し「ろくろ」のイメージで

人権教育と道徳教育について、まず、それぞれの教育の目標から見ていこう。

人権教育の目標は、「人権教育の指導方法等の在り方について［第三次とりまとめ］」では「自他の人権の実現と擁護のために必要な資質や能力を育成し、発展させることを目指す総合的な教育」であり、重要なのは「自分の人権を守り、他者の人権を守るための実践行動」の実現をめざすものとされている。具体的には「一人一人の児童生徒がその発達段階に応じ、人権の意義・内容や重要性について理解し、［自分の大切さとともに他の人の大切さを認めること］ができるようになり、それが様々な場面や状況下での具体的な態度や行動に現れるとともに、人権が尊重される社会づくりに向けた行動につながるようにすること」と明示されている。[*1]

一方、道徳教育の目標は、新学習指導要領「総則」では「教育基本法及び学校教育法に定められた教育の根本精神に基づき、自己の生き方を考え、主体的な判断の下に行動し、自立した人間として他者と共によりよく生きるための基盤となる道徳性を養うこと」とされ、「特別の教科 道徳」の目標は「（総則に示された）道徳教育の目標に基づき、よりよく生きるための基盤となる道徳性を養うため、道徳的諸価値についての理解を基に、自己を見つめ、物事を多面的・多角的に考え、自己の生き方についての考えを深める学習を通して、道徳的な判断力、心情、実践意欲と態度を育てる」ことにある。

これらの目標から、両者のちがいが明確に読み取れるわけではない。だが、道徳教育は「道徳的な判断力、心情、実践意欲と態度」の育成をゴールとしているのに対して、人権教育は「実践行動」の実現を求める。いじめや差別に直面したとき、心の域を超えて、どう行動するかということは、いうまでもなくきわめて重要なことである。

したがって、この点は「道徳科」の評価のあり方にもかかわってくることだが、道徳科では「実践行動」の事実については評価の対象とはせずに、あくまでも「学習活動において（略）一面的な見方から多面的・多角的な見方へと発展しているか」「道徳的価値の理解を自分自身との関わりの中で深めているかといった点を重視することが重要である[2]」と明記されている。

ところが、両者の「有機的なつながり」については興味深く読み取ることができる。

人権教育は「自分の大切さとともに他の人の大切さを認めること」ができるようになることを基軸としている。一方、道徳教育は「自立した人間として他者と共によりよく生きるための基盤」となる「道徳性」を養うことが目標とされている。

では、他者と共によりよく生きるためには、まず何が基本的に重要となるのか。それは明白である。自他の尊厳について正しく理解し、これを相互に承認することである。そうであってこそ、人はよりよく生きる、生きようとするためのスタートラインに立つことができる。自他の尊厳をないがしろにしたり、否定したりするところからは「自立した人間として他者と共によりよく生きる」という生の第一歩すらはじまりはしない。

そのように考えるなら「よりよく生きるための基盤（としての道徳性）」、その基盤を支える基軸として「個人の尊厳」「自他の尊重」という基本的な価値が貫かれているか、否か。それが大きく問われることになるわけだ。

人権教育と道徳教育両者の有機的なつながりをイメージするために、陶器用の手回し「ろくろ」を頭に浮かべてみたい。

回転する円形の台の上に粘土を置いて、作品づくりの作業が始まる。この円形のターンテーブルを「よりよく生きるための基盤」としよう。そのとき、基盤の中心点に基軸がしっかりと位置づいていなければどうなるか。回転する基盤自体が大きくガタついてしまい、美しい作品をつくり上げることは困難になってしまう。基盤を支え

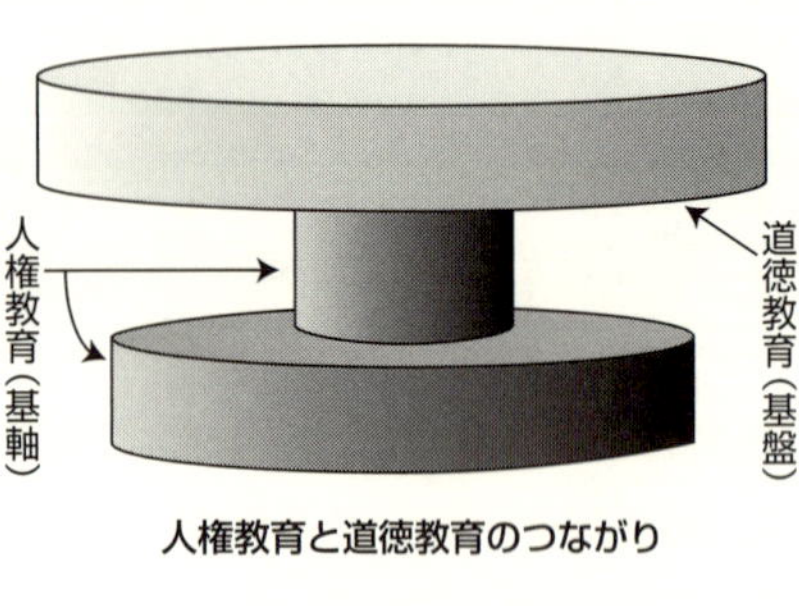

人権教育と道徳教育のつながり

る基軸がしっかり備わり、ぶれることなく安定しているとき、基盤は水平を保ちながら円滑に回転し、作品づくりは着実に進む。作品づくりとは、いうまでもなく「よりよく生きる自己の形成」を指す。

したがって、人権教育と道徳教育は「ろくろ」の基軸と基盤の関係で考えるなら、両者は密接なつながりがあることが、よりイメージ豊かにとらえることができるだろう。

これを単純に図式化するなら、前頁の図のとおりである。

(2) バラの花と「人権の水」

次に、人権教育と「道徳科」の授業について考えていくことにしよう。

人権教育と「道徳科」の両者の相対的な関係は「水と油」のように、ことごとく溶け合わないものではないはずだ。さりとて両者は「火と油」のように、すっかり意気投合し、勢いを増していくというホットな関係でもない。はたまた、両者を「水と火」の関係でとらえることも「特別の教科 道徳」がすでに始動している現在、水掛け論となってしまう。これは現実的ではないし、建設的でもない。

では、人権教育と「道徳科」の関係性はいったいどのようにとらえることがふさわしいのだろう。

そこで提案したいのが、「水と花」の関係である。両者を「花瓶の水と四本のバラ」に例え

てはどうだろう。

クリスタル・ガラスの花瓶がここにあるとしよう。花瓶には茎のしっかりした四本のバラが生けられている。そして、それぞれの茎の先端にはいくつもの花が咲き誇っている。茎にトゲがあるか否かは、ここでは問わない。

バラはなぜ四本なのか。それは「A 主として自分自身に関すること」「B 主として他の人との関わりに関すること」「C 主として集団や社会との関わりに関すること」「D 主として生命や自然、崇高なものとの関わりに関すること」の〈四つの視点〉と対応している。そして、二〇前後のバラの花は「道徳科」で扱う内容項目そのものととらえていただこう。

いうまでもなく、花瓶のなかに水がなければ花は育たない。水とは「人権の水」である。この「人権の水」を潤沢に吸ってこそ、バラの花はいつまでもみずみずしい姿で美しく咲き誇ることができるのだ。「人権の水」がなくなってしまうと、たちまち「道徳性の花」は枯れ落ちてしまう。

では、花瓶は何に該当するのか。それは生身の子どもそのものと考えておきたい。

ここに例えた「水と花」の関係性は、歴史社会学者である小熊英二（おぐまえいじ）の次のことばと相通じるものがある。

「自分の人権が尊重された経験のない者は、他人の人権も尊重しない」[*3]

けだし名言である。人権の水を豊かに吸った経験のない子どもは、道徳性の花を咲かそうにもその力も意欲も湧き上がらない。つぼみのまま枯れきった状態であり、相手の人権を平気で蹂躙（じゅうりん）してしまう、ということになりがちなのだ。

したがって、道徳性をはぐくむためには、自分の人権が尊重されているという実感（＝被尊感情）や経験（＝被尊経験）を豊かに保ちつづける子どもをいかに育てるかということをおろそかにしてはならないのである。

人権教育の充実なくして、道徳性に実りなし。水がなければ、花は開かない。

(3) ユニバーサルな視野で人権尊重をうたう

ただし、小熊のことばには例外がある。ここに大きな例外を一つ記しておこう。

それは「全國（ぜんこく）に散在する吾が特殊部落民よ團結（だんけつ）せよ。長い間虐（いじ）められて來た兄弟よ、……」とはじまる「水平社宣言」に象徴される人と運動のすべてである。

自分たちは祖先の代から人権が尊重されることのない歴史を歩んできた。にもかかわらず、である。宣言の内容はどうだろう。

「長い間虐められて來た」人間だからこそ、その屈辱がどのようなものであるかをだれよりもよく知っている。自由と平等がいかに尊いものであるかをよく知っており、その「實行者」でもある。「吾等（われら）の中より人間を尊敬する事によって自ら解放せんとする」ことは必然のことなのだ。「人間を冒瀆（ぼうとく）してはならぬ」。そのことを身をもって知っているのは自分たちである。このように宣し、そして結びのフレーズはよく知られた「人の世に熱あれ、人間に光あれ」である。

自分の人権が尊重された経験がないために、他人の人権も尊重しない、そうではなく、自他の人権を尊重することの大切さをもっともよくわかっているのだ、ということを強烈に訴えている。

さらには、「自分たちの世だけに熱あれ、自分たちだけに光あれ」ではない。「人の世に……」「人間に……」と、まさにユニバーサルな視野から、個人の尊厳、人権の尊重を高らかにうたっているのである。

大きな例外と述べたが、この宣言に貫かれている思想は、われわれへの警鐘として受け止めることもできる。子どもに対して安易にレッテルを貼ってはならないということだ。

「子どもAは自分の人権が尊重された経験がないから、人を平気で傷つける。ああ、Aはほんとうに困った子だ」

それで終わってはならない。これほど罪深い突き放し方は許されないだろう。重要なことは次の二つである。

だからこそ、まずは、その子どもＡが「自分がこんなに大事にされるのは生まれてはじめてのこと」と「被尊感情」が湧き立つ情況や関係性をいかに築いていくかなのである。そのための営み、取り組みが求められるだけである。もう一つは、このＡだからこそ、人権が尊重されないことの辛さ、悲しさ、苦しさ、空しさを切実に、体験的に熟知している人間なのだ、という深い確信を私たちがいだくこと。それに尽きるだろう。

この確信のもとに、子どもＡのいる集団の仲間づくりに地道に取り組んでいくことによって、子どもＡは周囲からの「人権の水」を吸収しはじめて、少しずつ「被尊感情」を実感。そして「自尊感情」の形成へと至ることになるだろう。やがて、自他の人権が尊重できるようになっていくと、結果的に「道徳性」のつぼみもほころびはじめるはずだ、という見通しをもつことができる。

当然ながら、シナリオどおりにはコトが運ばないのが教育という営みである。紆余曲折（うよきょくせつ）、失意、挫折も味わわず、美しく滑らかに展開するほど教育は単調なものではない。だが、ときに「シナリオにないドラマ」が生まれるのも教育の醍醐味（だいごみ）である。

根気とヤセガマンの向こうに、ひとすじの光が差し込んでくるという確信と望みをわすれないでおきたいものである。

（4）『道徳は教えられるか』という問い

道徳教育は、子ども自身がよりよく生きていくうえで大切にしたい価値観を、こちらが植えつけるためのものではない。

しかし、当然のこと、価値観の形成と価値判断の主体を育てるためには、適切な「はたらきかけ」は不可欠である。子どもが何らかの価値判断をおこなうとき、「人権の水」を豊かに吸った子どもであれば、つまり、自らの「被尊感情」が自覚的に感得できている子どもであれば、人権尊重という普遍的な一大基本原則を生かした判断力と行動力をもって「自立した人間として他者と共によりよく」生きていこうとする道を選択できるだろう。

この実践意欲が備わってこそ、主権者としての自覚と行動の条件が整うことになる。

哲学者の河野哲也（こうのてつや）はいう。

「現代社会における道徳教育とは、リベラルな民主主義社会を維持し、発展させる働きを担う主権者[*4]」の育成にほかならない、と。

現代の道徳教育に、持続可能な民主主義社会の形成という視点が失われてはならない。それに異論はない。

「平和で民主的な国家及び社会の形成者」としての資質形成が求められている。しかし、その基軸には人権尊重という価値の共有化、この一点をわすれるわけにはいかないのである。なぜなら「形成者」とは、ほかならぬ「主権者」そのものだからである。

学習指導要領「特別の教科 道徳」の「第２ 内容」として示されているすべての内容項目に、人権教育「八項の視点」のいずれかを溶け込ませ、「人権の水」が適切にいきわたってこそ、すべての子どもにとって実りのあるみずみずしい学びと育ちの世界が開けるのである。

何よりも、それらの視点をふまえて、教科書教材を読んでみると、教材研究がじつに愉しくなり、授業が早くやりたくなるはずである。具体的な教材研究は、第６章でたっぷり試みたいと思う。

ここで、誤解が生じては無益なため、あえて蛇足を述べておくなら、「道徳科」のカリキュラムを人権教育のカリキュラム内容にすっかり置換してしまいましょう、などという提案をしているわけではない。

重ねて述べるが、いずれの内容項目を扱うときにも「人権の水」が枯れていないか、くまなくいきわたっているかという視座をわすれてはならないということなのだ。

授業を構想する教師の立場からすると、次のような三つの段階を踏んで考えていくと、より具体性を帯びてくるにちがいない。

〈第一段階〉 学習指導要領には内容項目が一九〜二二にわたって示されており、これらは「相当する各学年において全て取り上げることとする」とされている。この内容項目は、いわば「道徳的行為の原理・原則」であり、それは「大前提」と考えてよい。

〈第二段階〉「原理・原則」である内容項目を実際に授業で扱うにあたっては、「道徳的行為の適切な条件や方法」がともなうことを知的に理解しておくことが重要である。これは「小前提」と呼ばれるもう一つの前提なのだが、人権教育「八項の視点」がそれにあたると考えてよい。

〈第三段階〉「大前提」「小前提」の二つと照らし合わせて授業を具体的に構想し、実際に展開していくことである。子どもが授業のなかで自分の生活上の問題として切実感をいだきながら、能動的・自覚的に学んでいけるよう、あくまでも子どもの実態にもとづいた展開をめざすことである。これが「結論」となる。

この三つの段階論は、かつて村井実（むらいみのる）が『道徳は教えられるか』[*5]のなかで援用した「実践的三段論法」にもとづいている。このステップを踏み外して、第一段階だけに固執して授業をつくろうとするなら、「道徳科」の授業は子どもの本音が後退し、きれいごとずくめの窮屈で退屈で空々しい時間帯となってしまいがちである。場合によっては、はるかなる絵空事にもなりかねない。

これに関連して、学習指導要領解説「特別の教科 道徳編」では、内容項目の位置づけについて次のような注目すべき解説がなされている（（ ）内は中学校版）。

「これらの内容項目は、児童（生徒）自らが道徳性を養うための手掛かりとなるものである。」

「なお、その指導に当たっては、内容を端的に表す言葉そのものを教え込んだり、知的な理解にのみとどまる指導になったりすることがないよう十分留意する必要がある。」

内容項目は、道徳性を養うための「手掛かり」だという。ところが、教育現場では内容項目を「手掛かり」としてではなく、金科玉条的な最終ゴールのごとく真正面から全面的に受け止めて、学習指導案のなかにも「ねらい」としてそのまま引用、いや丸写ししているケースもまま見かける。そして、授業の「終末」で内容項目の表現をそのまま「授業のまとめ」として子どもたちに伝えているケースも少なからず見受けられるが、この点は早急に克服すべき実践上の課題としたいところである。

（５）村井実に学ぶ人権尊重の「道徳科」

村井の古典的名著『道徳は教えられるか』は、初版が半世紀も前のものであるにもかかわらず、今日の道徳教育のあり方について基本的な示唆を私たちにいくつも与えてくれる。以下、部分引用させていただくことにしよう。

「道徳教育というものの目的は本来生徒自身を道徳的にすることにあるのであって、生徒を、あたかも軍隊の下士官のように、一定の規則や原則の命令に服従させることにあるのではない。」

今日において、なお重要な指摘である。「服従する子ども」ではなく「自分で考える子ども」が育たなければならないのだ。

ここでいう「道徳的」とは何か。この点について、村井自身は「人間は幸福を望んでいる」そして「善く生きる」という二つのことが普遍的な「命題」だ、と明解に主張する。「よりよく生きる」という今日の道徳教育の目標は、村井の主張と一致する。いや、これは村井の影響を強く受けたものと考えるほうが妥当だろう。

では、子どもが主体的に養う道徳性とはいったいどのようなものか。それは「主体的・対話的で深い学び」というフレーズが重視されている今日にあって、基本的な課題といわねばならないが、この点について村井は次のように述べている。

「私の真の道徳的主体性は、私自身が私の実践規則の作り主であることによってはじめて保証される。（略）私はただ、この帰結としての実践規則に、盲従（ママ）するのではなく、理解して従うのであり、他から命令として押しつけられるのではなく、それを自分に対する命令として、自分自身を支配するにすぎないのである。」

ここでいう「実践規則」とは、学習指導要領に示された内容項目（徳目）が匹敵すると考えてよいだろう。ただし、それは人から与えられるものではない。自分が「作り主」であり、その内容を自分で理解し、納得したうえで従うことが「私の真の道徳的主体性」だと村井は述べている。

「道徳科」の内容項目は道徳性を養うための「手掛かり」として示されたものであり、その枠内に従順に納まっているだけでは、村井の言を待つまでもなく「道徳的主体性」に大きくもとるものといわなければならないだろう。授業においても、子どもに「道徳的主体性」がはぐくめるような教育環境が求められる。

村井は、さらに次のように述べている。

「実践規則の確かな存在根拠が、さらに人間性の根本にさかのぼって探られなければならない」

これは内容項目についても「確かな存在根拠」を探ることの重要性を指摘しているととらえるべきだろう。では、これを探る授業とは、いったいどのようなものだろう。

たとえば「いじめをしてはならない」ことを教え込むのではなく、「なぜ、いじめをしてはいけないのか」。「人に親切にしましょう」と親切心を植え付けるのではなく、「それは、ほんとうに必要なことか」「ほんとうの親切って、どうすることなのだろう」と考え合う。それを実践化しようとすることについて対話を深めるということからはじまるのかもしれない。

また、村井は「実践規則」が「何の根拠によって私に対する命令力をもちうるか」という問いをも探っていく人間こそを「道徳的に主体性ある人間とよぶのである」としている。

「人間性の根本」にさかのぼるという探求の過程そのものが、きわめて哲学的であり道徳的だといえる、と村井は主張する。ただし、「人間性の根本」について考えるとき、それはすべての人間の尊厳という、侵してはならない人権についての相互承認が大前提となる。しかし、これとて頭ごなしに教え込むことより、「なぜ、それが大切なことか」を子どもが考え、納得解を得られる過程をたどることが重要である。

一方、何人も真空状態のなかに生きているわけではない。子どももそうであり、現実の社会のなかを他者とともに生きている。したがって、自分が直面している生活現実というものと「実践規則」（内容項目）とのぶつかり合いの日々なのだ。そこにおいて葛藤し、考え、苦悩し、ときには自分をなだめ、つじつまを合わせながら生きている。

村井は、そのとき、その局面において「人間性の根本にさかのぼって」自分がよりよく生きるためのあり方を探っていこうとすること。まずは、その姿勢や態度にこそ価値を見いだそうとするのである。

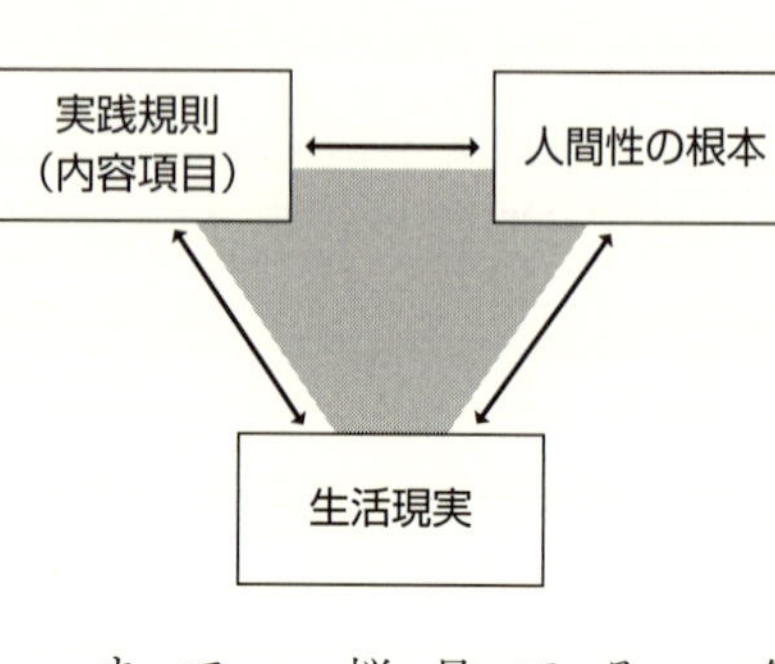

村井の主張によると、上に図示したように、矢印で囲まれた逆三角形の空間のなかを、人は揺れ動きながら、さまよいながら、この逆三角形を底面として、その上に、自己を支える道徳性を立体的に築き上げていく「作り主」として生きている、と考えることができる。
この「作り主」としての営みを、子どもがその子どもなりに「道徳科」の授業を手掛かりにして、少しでも主体的に自覚的に前進させていくことができれば、他教科・領域では得がたい独自の奥深い学びが成立することになるにちがいない。
学習指導要領解説「特別の教科 道徳編」にもどろう（（ ）内は中学校版）。

「各内容項目について（を）児童（生徒）の実態を基に把握し直し、指導上の課題を具体的に捉え、児童（生徒）自身が道徳的価値の理解を基に自己を見つめ、物事を（広い視野から）多面的・多角的に考え、自己（人間として）の生き方についての考えを深めることができるよう、実態に応じた指導をしていくことが大切である。」

これはまさに先ほどの「実践的三段論法」そのものである。

第一段階の「大前提」として、まず「道徳的行為の原理・原則」である内容項目が示されている。

第二段階の「小前提」としては、子どもの実態を注視せよということである。それにもとづいて「道徳的行為の適切な条件や方法」を勘案し、定番の各内容項目の「把握し直し」をせよ、ということなのだ。つまり、その学級、その集団、その子ども、その授業に最適となるように内容項目を翻訳して「指導上の課題を具体的に捉え」た展開を構想することが求められるのである。

第三段階の「結論」としては、第一・第二段階を踏まえたうえで「実態に応じた指導をしていくことが大切である」というのだ。

定番の内容項目をまるで金科玉条のように扱い、それを学習のゴールとみなしてしまうことによって、授業の「終末」で授業者が押しつけがましい教訓を垂れて「まとめて終わる」ケースも少なくない。それは内容項目の「把握し直し」という重要な過程を安易にスルーしてしまった結果でもあるだろう。子どもが自分のこととして能動的に学ぶためには、子どもの実態をおろそかにしてはいけない。

もし、おろそかにするなら、内容項目は「自己を見つめ」「自分の生き方についての考えを深める」ための有効な「手掛かり」とはならずに、よそよそしい「お題目」にすぎないものとなってしまうだろう。

(6) 子どもの実態を重視すること

人権教育の年間指導計画と道徳教育の年間指導計画が、それぞれ個別に二本立てで組まれている学校もあれば、一体型になっている学校もある。

文科省のもっとも新しい全国調査によると、人権教育の年間指導計画について「現在、策定について検討中」または「定めていない（検討もしていない）」と答えた公立小学校は計二六・八%、公立中学校は計二八・五%にのぼる。地域差がはなはだしくあると思われるが、三〇%近くもの学校がこのような実態なのは大きな驚きである。[*6]

一方、道徳の教科化にともない、道徳教育に関する年間指導計画の作成については、より強化されていくことが予測できる。

そのなかでも、週一時間の「道徳科」の指導計画の作成と毎時の学習内容をどのように展開していくのか。これが直近の大きな課題である。新たに「道徳科」の検定教科書が登場することになったため、教科書にとらわれて、それをはじめから終わりのページまで配列どおり堅実にこなすことだけに汲々（きゅうきゅう）とする事態も起こりかねない。今日のような多忙化が進む教育現場の実情を考えると、その事態は常態化してしまう可能性も十分にある。

しかし、繰り返すことになるが、「各内容項目について児童の実態を基に把握し直し、指導上の課題を具体的に捉え、（略）自己の生き方についての考えを深めることができるよう、実態に応じた指導をしていく」という姿勢を失うわけにはいかない。

まずは目の前の「児童の実態を基に」することである。ここで踏ん張りをきかせて、先に述べた実践上の「二点・八項の視点」を点検軸にした指導計画の作成と授業づくりの展開を追求したいものである。

「道徳科」の年間指導計画作成にあたっては、入念な作業が必要である。とくに、検定教科書が登場したため、より時間をかけた作業が必要となるだろう。しかし、「児童の実態を基に」する以上、当初の計画はあくまでも計画であって、子どもの実態やその変化に応じて、途中変更はやむをえないことである。むしろ、それが大切なときもある。それが現場の正しい姿である。

全内容項目は「相当する各学年において全て取り上げることとする」となっている。一方、教科書には全内容項目が網羅されている。そのため、教科書どおりに一時間に一内容項目を扱うというスタイルに陥りがちだが、次のような注目すべき記述がある。

「その内容項目に関する指導について年間の授業時数を多く取ることや、一つの内容項目を何回かに分けて指導すること、幾つかの内容項目を関連付けて指導することなどが考えられる。このような工夫を通して、より児童の実態に応じた適切な指導を行う必要がある。」

「道徳科の指導に当たっては、内容項目間の関連を十分に考慮したり、指導の順序を工夫したりして、児童の実態に応じた適切な指導を行うことが大切である。そして、各学年段階を通して、全部の内容項目が調和的に関わり合いながら、児童の道徳性が養われるように工夫する必要がある。」

これは小学校学習指導要領解説「特別の教科 道徳編」に記されていることだが、具体的にどういうことか。中学校学習指導要領解説「特別の教科 道徳編」を読むと、その意味するところがとてもわかりやすい。

「必ずしも各項目を一つずつ主題として設定しなければならないということではない。内容項目を熟知した上で、各学校の実態、特に生徒の実態に即して、生徒の人間的な成長をどのように図り、どのように道徳性を育成するかという観点から、幾つかの内容を関連付けて指導することが考えられる。」

この点は熟知しておくべき点である。教科書では一内容項目を一時間にパックして扱うような編集がされていることが多い。私たちもついついそのように思い込みがちであるが、この点について学習指導要領解説ではきわめて柔軟なのである。

あくまでも「児童・生徒の実態」重視であり、学校におけるカリキュラム・マネジメントの一環として、内容項目の扱い方を柔軟に工夫していくことが十分可能なのである。

（７）「どんでん返しの発問」を用意する

たとえば、小学校高学年の読み物教材『手品師』にしても、一般的には内容項目［正直、誠実］「誠実に、明るい心で生活すること」に該当する教材として扱われることがほとんどである。しかし、道にしゃがみ込んでいる一人の少年を放っておけなかった手品師。その心情を考えるとき、内容項目［親切、思いやり］「誰に対しても思いやりの心をもち、相手の立場に立って親切にすること」にも大きくかかわる話だ。

一方、この手品師がいだいている将来の夢に着目するなら、内容項目［希望と勇気、努力と強い意志］「より高い目標を立て、希望と勇気をもち、困難があってもくじけずに努力して物事をやり抜くこと」にも深く関係してくる。じつは、これら三つの内容項目が錯綜（さくそう）し、衝突するところに手品師の葛藤が起こり、この素材を扱う意義が生まれる。

さらに、自分の手品で元気を取りもどした少年。この少年のおかげで手品師の内面に、内容項目［感謝］「日々の生活が家族や過去からの多くの人々の支え合いや助け合いで成り立っていることに感謝し、それに応えること」につながる思いがよみがえったものと読み取ることもできなくはない。また、不遇な少年のことを考えると、手品師は内容項目［家族愛、家庭生活の充実」「父母、祖父母を敬愛し、家族の幸せを求めて、進んで役に立つことをすること」を少年に願いつつ、人間不信に陥らないよう精いっぱいかかわりをもとうとしたのではないか、と想像することもできる。

このように、一つの教材を精読していくと、いくつもの内容項目が重なり合う。それゆえに「手品師がとった行動」については、多面的・多角的に考え、活発な対話が可能となるのである。

「多様な価値観の、時に対立がある場合を含めて、誠実にそれらの価値に向き合い、道徳としての問題を考え続ける姿勢こそ道徳教育で養うべき基本的資質である」*7と、中教審答申（二〇一四年一〇月二一日）にある。

ここでいう「多様な価値観」とは、人それぞれの思想信条を含む立場の違いや、価値観の多様性ということを念頭に置いたものと思われる。だが、生身の人間が生きていくなかでは、一個人の内面においても多様性が棲(す)みついたり、多様な価値観が入り込んできて苦悶(くもん)することが少なくない。

読み物教材『手品師』に登場する、この手品師自身もまったく例外ではない。読みを深め、考えれば考えるほど、ほんとうの［正直、誠実］とはいったい何か、ということについて子どもたちが新たに気づくことはあまりにも多いだろう。

しかしながら、『手品師』という教材にいくつもの内容項目が埋め込まれていることを、授業者自身が前もって把握しているかどうかということが決定的な前提条件となる。

『手品師』について、詳しくは第6章で述べるが、「（内容項目の）各項目を一つずつ主題として設定」して、一対一対応、つまり一教材につき一内容項目を扱うことにしてしまうと、多面的・多角的に考え、豊かな議論や対話が弾むという可能性を狭めてしまいかねない。結果的に、授業の「展開」も「終末」も一面的な方向へと子どもたちを囲い込んでしまうことにもなりかねないのである。

ところが、検定教科書には「関連性のある内容項目」が示されてはいるものの、一教材につき一内容項目を扱うようにレイアウトも構成もされている場合がほとんどである。それぞれのページの冒頭に教材名が記されているが、すぐ右横には「単一の内容項目」の圧縮版が、親切な道しるべのように目立つ色文字などで掲げられている。

子どもによってはその道しるべを見て、本時の授業のゴールをいち早く察知してしまうかもしれない。したがって、授業者は教科書を使いこなせる手腕が求められるわけだ。「一つの答え」へと子どもたちを誘導してしまう膠着（こうちゃく）した授業にならないよう、たとえば「どんでん返しの発問」「意表を突く発問」をいかに用意しておくのかということが求められる。それを考えるのも、また愉しい作業の一つであることは確かなことだが。

（8）教科書はどのように使えばよいか

学校によっては「道徳科」の年間指導計画と人権教育の指導計画が、それぞれ一覧できるマトリックス図になっている場合もある。それらが一体型の学校の場合でも、一覧表のなかに「人権」「いのち」「多文化」「平和」「なかま」など、領域別の整理がなされているケースが多いようだ。

「道徳」が教科になったが、人権教育は「道徳科」、社会科・国語科などの各教科や、総合的な学習の時間、特別活動など全領域において有効に取り組んでいくことに変わりはない。ところが、「道徳科」の教科書が登場することによって、これまでよりも取り組みがかなり窮屈になってしまうことは確かだろう。

検定教科書は、主たる教材であり[*8]、使用しなければならないものと、学校教育法第三四条に定められている。しかし、「道徳科」において使用する教材は検定教科書に限るととらえることは誤りである。学習指導要領「特別の教科 道徳」では「3 教材については、次の事項に留意するものとする」として、次のように記されている。

「児童（生徒）の発達の段階や特性、地域の実情等に考慮し、多様な教材の活用に努めること。」

子どもと地域の実態に応じて学習を充実させること、同時に多様な教材の開発と活用が求められるわけだ。しかし、わずか数行で表現されたこの文言の意味するところは非常に重要である。

じつは、この「留意」事項は、元をただせば、次の「報告」にもとづくものなのである。

「検定教科書が使用される場合でも、道徳教育の特性にかんがみ、地域や学校の実態を踏まえて、教育委員会・学校や民間等の作成する多様で魅力的な教材があわせて活用されることが重要である。」

これは文部科学省が道徳教育の改善・充実方策について検討をおこなうために設置（二〇一三年三月）した懇談会の報告「今後の道徳教育の改善・充実方策について（報告）」[*9]（二〇一三年一二月）のなかに示されたものである。教育現場にとっては「窮屈さ」から一定程度解放されるものとして注目すべき内容が示されている。

精読すれば、おわかりのとおりである。同報告のなかで「本懇談会としては、『特別の教科道徳』（仮称）の主たる教材として、検定教科書を用いることが適当と考える」としながらも、「多様で魅力的な教材があわせて活用されることが重要である」と述べている。また、小学校学習指導要領解説「特別の教科　道徳編」でも「道徳教育の特性に鑑みれば、各地域に根ざした地域教材（郷土資料）など、多様な教材を併せて活用することが重要となる（である）」と記されている（（　）内は中学校版）。

学習指導要領「特別の教科　道徳」に示された「多様な教材の活用に努めること」とは、そういう意味なのだ。一から一〇まで、いや一から一〇〇まで検定教科書オンリーという固いとらわれから、まずは私たちが解放されることが必要なのである。授業者にとって、そして何よりも子どもにとって「多様で魅力的な教材」の活用こそが求められるのだ。では、検定教科書をどの程度使用すればよいのか、そのバランスはもちろん明記されてはいない。

つまるところ、指導計画のなかに魅力的な最適教材をどう盛り込んでいくかという検討は、学校の判断でなされるべきなのである。

ただ、この点に関して押谷由夫（おしたによしお）（中教審教育課程部会道徳教育専門部会主査）は、次のように具体的な数値をあげて興味深いことを述べている。

「例えば、道徳の教科書は、3分の2は年間指導計画に位置づけるが、残りの3分の1は学校独自に資料選択をして授業を行うというようにすべきである。それと同時に、ワークシートやノートの開発も重要である。特に道徳ノートを工夫し子どもたち自身が学習を振り返ったり、道徳の授業外での学習を充実させたりして、自己の心の成長を実感できるようにしていく必要がある。[*10]」

これは教育現場での一定の目安とされるのではないかと考えられるが、次の五点について大切にしていきたいものである。

①教科書に掲載されている教材について、人権教育「二点・八項の視点」を大切にして読み込んでいき、クリティカルな教材研究を深めること。それにもとづいた授業の展開を構想する

こと。

②何よりも「子どもの実態」を重視し、それに即して「教科書を」ではなく「教科書で」という視座をもって学習のねらいにせまること。

③教科書のなかには表現上、あるいは内容面において「子どもの実態」にそぐわないものや、問題をはらんでいる教材も見受けられる。それをあえて「反面教材」として投げかけて考えを深めていく場合もあれば、補助教材を用意したり、教材の差し替えをも追求すること。

④「子どもの特性」「地域の実情」、学級の実態などを考慮して、内容項目に応じて「身近な社会的課題」の教材化や「地域教材・郷土資料」などの「魅力的な教材」の積極活用。さらには座学に終始しないで「家庭や地域の人々、各分野の専門家等の積極的な参加や協力」によって、立体的な学習ができるようにすること。

⑤教科書の読み物教材を発展させて、「体験的な学習」「問題解決的な学習」をアレンジしたり、さまざまに開発されている参加型のアクティビティを積極的に採り入れていくこと。

要は、「多様で魅力的な教材」を活用した「道徳科」の授業のなかでも「人権の水」を絶やさないことである。

もちろん、「道徳科」の年間指導計画の枠組みには収まりきらない人権教育の重厚な取り組みがある。そのねらいと使用教材や学習機会などが明示された人権教育の年間指導計画表が各学校では作成されている。両者の関連項目を矢印などでつなぎ合わせることによって、「道徳は道徳。人権は人権」といったシンプル思考に陥ることなく、有機的に関連づけた、ストーリー性のあるカリキュラムとして視覚化していくことが求められる。

＊1　人権教育の指導方法等に関する調査研究会議「人権教育の指導方法等の在り方について［第三次とりまとめ］」二〇〇八年三月

＊2　学習指導要領解説「特別の教科 道徳編」文部科学省（小学校は二〇一七年六月、中学校は二〇一七年七月）

＊3　『朝日新聞』二〇一五年一月一五日

＊4　河野哲也『道徳を問いなおす――リベラリズムと教育のゆくえ』ちくま新書、二〇一一年

＊5　村井実『道徳は教えられるか』現代教育101選13、国土社、一九九〇年

＊6　人権教育の指導方法等に関する調査研究会議「人権教育の推進に関する取組状況の調査結果について」二〇一三年一〇月

＊7　中央教育審議会「道徳に係る教育課程の改善等について（答申）」二〇一四年一〇月二一日

＊8　「教科書の発行に関する臨時措置法」第二条

＊9　道徳教育の充実に関する懇談会「今後の道徳教育の改善・充実方策について（報告）～新しい時代を、人としてより良く生きる力を育てるために～」二〇一三年一二月二六日

＊10　押谷由夫「なぜ、いま『道徳の教科化』なのか」『Voters』No.19、公益財団法人明るい選挙推進協会、二〇一四年四月二五日

コラム③

「あんたが宝もの」

「子どものころ、ほめられた記憶」について、学生たちに思い起こしてもらった。

「そのような記憶はいっさいない、という人もいるはず。それも貴重な体験です。率直に書いてほしい」

こう前置きして、小さな紙きれにしたためてもらった。そうすると、期待していたとおり、さまざまな記憶が掘り起こされてきた。

〈低学年のころは、すでに二人の妹がいた。私が母の手をつなぐと、もう一つの手を妹が取り合う。そのため、私は母と手をつなぐことをあきらめ、いつも自分から離していた。

ある日、いつものように手を離そうとすると、母は離そうとせず、ぎゅっと握って「あんたはやさしいね」と言った。それがずっと心に残っているためか、子どもが一人で遊んでいる姿を見たり、学校で一人で遊んでいる子どもを見ると、無性に声をかけたくなる。人にやさしくしようという気持ちではなく、自然と人にやさしくする当たり前の行動をほめてくれた母に感謝。〉

一五年近く前のこと。しかし、あの日、母親が手を握りしめてくれたことが、鮮明な記憶として残っているのだ。母は自分の存在を認めてくれている、という確信と安心感をつかめた瞬間である。さびしい思いのまま放置されることのなかった彼女だから、いまなお一人ぼっちの子どもを見ると、放っておけないのだろう。

〈私は幼いころから、自信が持てない子どもでした。これをしていいのか、ダメだったらどうしようなど、考えていました。そんな時、学校で一つのグループで作業をしていて「R子のおかげでこれができたよ」と言ってもらい、自信がついたことを憶えています。ほめられることで、自分が認めてもらったという自信がつくことを実感しました。〉

何事にもためらいがちだった彼女。ところが、学校での仲間からのさりげない一言がきっかけとなって、ジャンプすることができたのだ。他者から送り届けられる自己有用感。そこから自尊感情が芽生えていく一例としてとらえることができるだろう。

〈自分が頑張ったことをほめられると、もっと頑張ろうと思う。しかし、あまり頑張ってもいないことをほめられると「これでいいんだ」と思ってしまう。その見極めが大変なのだ。〉

あまり頑張ってもいないのにほめられると、さらにエンジンがかかる場合もある。また、安住してしまうこともある。人によって、これまたさまざまだ。ほんとうに見極めるのは大変なことである。だが、重要なことだ。

〈先輩から「あなたは前に比べてとても動けるようになったね。はじめのときは、あんまりだったけど、いまでは周りも見られるようになって嬉しいです。それを後輩にも伝えていって、ステキな職場にしてください」と言われた。初めは厳しい先輩だったけれど、いま思えばあんなに自分のことを見てくれた先輩はいない。〉

バイト先での体験である。子ども時代の記憶が浮かんでこなかったのかもしれない。先輩が自分という存在を、見捨てるどころか、ずっと見守ってくれていたという事実。肯定的なまなざしで自分の変容する姿を語ってくれたわけだ。それを聴いたとき、特別な衝撃が走ったことだろう。厳しかった先輩の一言一言は深く身にしみたにちがいない。

〈祖母が私をよくほめてくれた。具体的な部分をほめてくれることもあったが、それ以上に「私はあんたが宝ものや。いてくれるだけでいい」と、ほめことばかわからないが、うれしいことばを会うたびに受けていたように記憶している。〉

「あんたが宝ものや」。これは至上のほめことばである。「いてくれるだけでいい」。これは存在への無条件な肯定である。「具体的な部分」をほめられることによって高まる相対的自尊感情。それに対して、全存在への承認は絶対的自尊感情がはぐくまれる重要なメッセージ性を胚胎(はいたい)している。このようなことばをもらうと、前のめりな気持ちや不十全感が潮のように引いて、たおやかな安定感と失いかけていたいっさいの力が静かによみがえる。

祖母が発したようなことばを、いま家庭や学校でどれほどの子どもがもらえているのだろう。もちろん、ことばの力だけではない。ことばの発信元である「大切な人」の存在と、もらったことばが一体となって、絶対的自尊感情ははぐくまれる。

第4章　子どもが身を乗り出す授業づくり

(1) 道徳科の「内容項目」と人権教育

では、「人権の水」を絶やさない「道徳科」の授業展開とは、いったいどのようなものか。いくつかの内容項目を例に取りながら、具体的に考えていこう。

■「家族愛、家庭生活の充実」について

たとえば、ハンセン病に関する偏見と差別の実態について学ぶことを、すでに高学年で人権教育の指導計画に定着させている学校も多いはずだ。そうであれば、「道徳科」の内容項目「家族愛、家庭生活の充実」に対応させて、その取り組みを埋め込んでいくようにすればよいということなのである。

一方、ハンセン病問題にかかわる学習がまだ不十分な学校は、高学年の「道徳科」で「家族愛、家庭生活の充実」の内容項目を扱うときに、ハンセン病問題について取り上げ、きびしい

偏見と差別によって家庭生活が壊されていった事実を、ぜひ子どもといっしょに学んでいきたい。

具体例を示すなら『記憶の川で』*1など一九冊もの詩集を上梓し、二〇一三年八月に八三歳で生涯を閉じた塔和子さんに学ぶ取り組みである。彼女は一三歳のとき、ハンセン病により大島青松園に「入所」。家庭生活を引き裂かれたうえ、改名までおこなっている。そして、作品を発表する二四歳のときには姓も変えた。

それはなぜか。子どもに問うてみたいところである。詩人として、ペンネームを気取ってデビューしたかったからだろうか。

そうではない。「家族が差別されないよう、実家につながる痕跡を消した」とされている。大島青松園での暮らしは七〇年三か月。塔さんの人生の八四％にも及ぶ。ふるさと愛媛県西予市の墓地には、本名の井土ヤツ子の名前で分骨された。お墓のなかで、やっと家族といっしょに眠ることができたのである。

偏見と差別によって家庭生活はおろか、自分の将来の生き方まで奪われていった事実。塔さんにとって、「家族愛、家庭生活の充実」とはどのようなものだったのか。そのことについて考え、そこから学ぶ授業をつくっていくことは、これまでもおこなわれてきたが、「道徳科」の内容項目に「人権の水」を注ぎ込んでいくことによって、いっそう子どもたちの学びが深まるものと確信するところである。

あえて指摘しておくなら、検定教科書に登場する「家族」とはどのようなものか。両親がいて、きょうだいがいて、父親が働きに出て……、とステレオタイプな家族の姿やかたちばかりが描かれているものが多く、あまりにも現実と乖離（かいり）している。この点は、子どもや家庭からも率直な指摘がなされて当然である。

「道徳科」の検定教科書を使用して授業をおこなう場合も、つねに「人権の水」をいきわたらせることを意識して、人権教育実践上の「二点・八項の視点」を基軸とした教材研究をおこない、授業を展開していきたいものだ。

人権の視点を生かして「道徳科」の年間指導計画づくりをすでに済ませている学校もあるだろう。これから組織的に取り組むという学校もあるはずだ。作業を手際よく進めるためにスタンダードを求めたくなる心情も理解はできる。が、そこは各学校で地域の特性と子どもの実態に応じた独自の作成作業が、学年・校内全体でおこなわれることが本筋であり、子どもが身を乗り出して授業に積極参加するための踏ん張りどころなのである。

教科書会社のホームページでは、各社が競うようにして「道徳科」の年間指導計画のお手軽フォーマットが用意されている。学習指導要領には完全に準拠しているが、人権教育の視点を基軸にすえたものは見当たらない。それは他者に期待するものではなく、われわれの手でつくり上げていくものなのである。

しかし、教育現場が年々多忙化していることは百も承知で述べている。そこは何としても、反差別・人権尊重・自尊感情形成という私たちが大切にしてきた人権教育をいっそう推進するためにも、「人権の水」がことごとくいきわたるよう、この作業を優先して取り組みたいものである。

(2)「人間尊重」と「人権尊重」

〔家族愛、家庭生活の充実〕につづいて「人権の水」を内容項目にいきわたらせるべく、事例的な検討を進めていこう。

■〔公正、公平、社会正義〕について

内容項目

「自分の好き嫌いにとらわれないで接すること」〔第1学年及び第2学年〕

「誰に対しても分け隔てをせず、公正、公平な態度で接すること」〔第3学年及び第4学年〕

「誰に対しても差別をすることや偏見をもつことなく、公正、公平な態度で接し、正義の実現に努めること」〔第5学年及び第6学年〕

「正義と公正さを重んじ、誰に対しても公平に接し、差別や偏見のない社会の実現に努めること」〔中学校〕

これらについて、読み物教材などによる座学に終始するだけでなく、被差別マイノリティの人々との直接の出会いや、具体的な被差別体験の話のなかから学ぶ取り組みをこれまでどおり大切にしていきたいものだ。そこにおいて「考え、議論する」という学習過程が求められるのである。

さらに、学習指導要領のなかでは、指導にあたっての「配慮」事項として、次のようなことが示されている。

「地域教材の開発や活用などに家庭や地域の人々、各分野の専門家等の積極的な参加や協力を得たりするなど、家庭や地域社会との共通理解を深め、相互の連携を図ること。」

また、教材についての「留意」事項として「地域の実情等を考慮し、多様な教材の活用に努めること」や「教材の開発や活用」をおこなうこととしている。

各教科・総合的な学習の時間・特別活動などと関連させながら、だれからどのような内容の講話を聴きたいかということを、子どもたちに投げかけ、考え、対話し、さらに考え、招聘（しょうへい）の手続きも含めて、子どもたち自身がとりおこなう能動的な学びも追求したいところだ。

ここで、学ぶ内容の重点化についても考えておきたい。

「学校の道徳教育の重点目標を設定する」ということは、学習指導要領「総則」のなかに「配慮事項」として明記されている。

また、学習指導要領解説「特別の教科 道徳編」にも「指導計画作成上の配慮事項」として、次のように記されている（（ ）内は中学校版）。

「ア 6学年間（3学年間）を見通した計画的、発展的な指導を可能にする。

児童（生徒）、学校及び地域の実態に応じて、年間にわたり、また6学年間（3学年間）を見通した重点的な指導や内容項目間の関連を図った指導を可能にする。」

中教審答申[*2]（二〇一六年一二月二一日）のなかでも、次のように明記されている。

「学校の道徳教育の重点目標に基づき各教科等で育成を目指す資質・能力と道徳科で育成を目指す資質・能力や指導内容等の関連を図ることを示すことが考えられる。」

したがって、学校の判断で道徳教育の重点に人権教育を位置づけることは正統なことであり、まったく問題ない。

さらに、学習指導要領「特別の教科 道徳」の「留意」事項として次のことが示されている。

「人間尊重の精神にかなうものであって、悩みや葛藤等の心の揺れ、人間関係の理解等の課題も含め、児童（生徒）が深く考えることができ、人間としてよりよく生きる喜びや勇気を与えられるものであること。」

ただし、ここでの用語としては「人間尊重」より「人権尊重」と表現するほうが適切と思えてならない。尊重すべきは人間オンリーではない。われわれ人間はもとより自然界に存在する多様な生物も、その舞台である大自然や地球環境もそうであるととらえたいからである。

総じて、検定教科書の使用だけではなく、その他の教材開発と活用がしきりに促されている。

そうだからこそ「特別の教科」なのだ。

先にもふれたが、重要なのは「教科書を学ぶ」のではなく「教科書で学ぶ」ということ。それが基本中の基本原則なのである。ややもすればそのことをわすれがちなのだが、それに加えて地域教材の開発と積極活用もおこない、これまでの部落問題学習をはじめとするさまざまな人権学習の取り組みを、児童の実態や特性、地域の実情、学校の特色などに応じていっそう深化・充実させていきたいものだ。

現場は年々多忙化が進む。しかし、そのなかでも大切にしたいことを重点化し、優先したいものである。

(3)「いじめ」問題と道徳科の授業

いうまでもなく［公正、公平、社会正義］についての内容項目は、子どもの「いじめ問題」にも大きく関係している。そのため、自己の加差別体験と被差別体験を本音で本気で語る場へと発展させていくことを視野に入れたいものである。そして「いじめや差別はよくない」という当然の帰結だけを急ぐのではなく、「なぜ、いじめをしてはならないのか」「それはよくないことだとわかっているのに、なぜ、いじめや差別が実際になくならないのだろう」。このような「問い」に一歩も二歩も踏み込んで、それぞれが自己体験に即した真摯な対話を深めていくことを重視したい。

たとえば「いじめ」に関して、金沢市における次のような調査結果は参考になるにちがいない。*3

「いじめはどんな理由があっても、絶対いけないことだ」という項目に、小学生の90・8％、中学生の89・2％が「そう思う」と答えている。かなりの高率である。しかし、少数とはいえ「思わない」と考えている層がいるかぎり、いじめはなくならない。

着目したいのは次の項目である。

「いじめられる人も悪いところがある」

この項目に対して、「そう思う」と答えた小学生は29・1％、「思わない」34・1％、「分からない」36・8％だった。

中学生では「そう思う」が35・5％、「思わない」は18・0％、「分からない」は46・5％だった。

しかし、この設問については、調査のあとに「悪いところがない人なんているのだろうか」と、子どもにぜひ問うてみたいものである。

「Nobody is perfect」というフレーズが物語ることについて、考え、対話を深めることは意義深いものと思えてならない。

本調査結果によると「いじめられる人も悪いところがある」と答えた小・中学生がほぼ三人に一人ということになる。

では、相手に「悪いところがある」なら、いじめという手段・方法を使って人権侵害をすることが許されるのだろうか。人権侵害に当たる言動が許されてよいのだろうかという、さらなる問いについて、子どもたちと考え合いたいものだ。むしろ、これらの問いは、こちらが発するのではなく、子どもたちがそれに気づき、子どものなかから出してほしい問いではあるが。

同時に、考えてみたいことがある。それは、相手が仮に「自分の気にくわない人」だったとしよう。そのとき、その相手に対して自分の気持ちを正直に表現するために、人権侵害とならない適切な手段・方法はないのだろうか、という問いである。あるのなら、どのような健全な方法があるのか。この点について多様な手段・方法を具体的に考え、みんなで知恵をしぼり、経験を寄せ集め、追求していくことは今日的にとても貴重なことにちがいない。

「~をしてはいけない」で終わるのではなく、「このようにすればどうだろう」「このような方法がある」という具体的な態度や対処について、子どもたちが実体験を交えて語り合うだけでも価値のあることだ。安易にマニュアルを紹介したり、それに依存するより、はるかにリアリティがあり、仲間の意見を聴きながら「悩んでいるのは自分だけではなかった」「このような方法があったのか」など、明るい見通しがもてて、互いの内面を理解し合う一助にもなる。道徳の時間を通じて「ク・ラ・ス」づくりが進んでいくきっかけになるだろう。

また、いじめの「観衆」「傍観者」さらには「仲裁者」の存在について、自分のこれまでの体験にもとづいた率直な対話がなされていくことも重要視したい。そして、いじめは重大な人権侵害であり、犯罪行為であり、いじめという手段・方法はいかなる場合も正当化される選択肢ではないという認識が、納得のいく根拠をともなって共有されていくことこそめざされねばならない。その前提に立って、「なぜ、いじめはなくならないのか」という新たな問いについて、考え、対話をおこなう。まさに、そこから「いじめ問題の授業」ははじまるのである。

「いじめはどんな理由があっても、絶対いけないことだ」

「いじめられる人も悪いところがある」

これらの項目について、事前に子どもたちに調査しておいて、その結果も元にしながら、いじめについて話し合ってみるのも一計である。

ここで教育学者の松下良平の重要な指摘を引用しておきたい。

たとえば、テレビや本を通じて国民的規模で話題になったハーバード大学のマイケル・サンデル教授による道徳や倫理についての授業を考えてみよう。そこでは、視聴者や読者が「正解」「当たり前」と考えていたものを揺るがすことによって、彼らに自らの独りよがりや視野の狭さを自覚させ、道徳や倫理の深みに誘うことが目指されている。そしてそのような授業が知的興奮や道徳的探究心を駆り立てるからこそ、視聴者・読者はその授業に引きつけられたのだといえる。

しかしながら、多くの学校の「道徳」授業には、そのようなスリリングなところはほとんどない。頭をフル回転させて考え悩む必要はないし、他者の状況に心を寄り添わせて身を引き裂かれるような思いをすることも、その切々とした思いが別の視点から異化されることもない。先生の意図を先回りして求められている「答え」を当てたり、自分の感情や身体を少しばかり〝開放〟したりすれば、それだけで十分なのである。その結果、教師の思いがいくらか子どもたちに通じたとしても、その効果は一時的であり、逆に自分たちを思い通りにしようとする意思に反する子どもが出てきたり、道徳なんて所詮は子ども騙しや先生騙しにすぎない、といった偏見を子どもたちに植えつけたりすることになりかねない。[*4]

長い引用になったが、ぜひ紹介したかったのである。今日までの「道徳」の授業について、ここまで的確かつ鋭い批判をした論考は数少ない。ところが、読んでいて心地の悪さというものを感じないのが不思議なほどである。それには次の三つの理由が考えられる。

一つは、松下が単なる観衆の立場ではなく、プレーヤーの視線でこれまでの授業の事実をふまえ、包括的に指摘しているからだろう。

二つは、今後めざしたい授業の展望について、個別的・具体的すぎることなく、また抽象的で漠としたものでもなく、イメージ豊かに明確化しているからである。

三つは、何よりも道徳の授業のなかで学ぶ子どもの姿とは、このような姿なのだ、と実像が浮かび上がってくる提案がなされているからである。

多くの教育現場に立ち会ってきた研究者だからこそ、今後の道徳の授業への期待値の高さがこのような論考となったのだろう。

この引用の一部を拝借し、さらに増幅させて表現するなら、まさしく「脳みそに脂汗をかき、ハートを震わせながら、スリリングにエキサイティングに考え抜いて語り合い、また考える」授業の創造である。月に一度ぐらいは、いや毎週でも経験したいものだと思う。そのとき、もちろん教師も一授業者の立場ではいられなくなるはずだ。

また、このようなドラマのある深い学びの場が成立する条件としては、建前を排した率直な意見を発信できたり、他者の意見を積極的に聴こうとする授業環境、高質な仲間意識で結ばれた学級集団、そして何よりも国語の時間を中心とする書きぶりに即したクリティカルな読み取り能力、これらが求められる。道徳の授業ではそれらの総和が、露骨なまでに授業の質を規定してしまうことになる。

（4）「畏敬の念の不足」がもたらすもの

したがって、これらの「総和のレベルアップ」を、ふだんの全教育活動において教師と子どもが愉しみながら意欲的に追求しているのか否かが、大きく問われるところである。

次に［自然愛護］と［感動、畏敬の念］について、関連づけて考えてみたい。

■［自然愛護］について

内容項目

「身近な自然に親しみ、動植物に優しい心で接すること」〔第1学年及び第2学年〕
「自然のすばらしさや不思議さを感じ取り、自然や動植物を大切にすること」〔第3学年及び第4学年〕
「自然の偉大さを知り、自然環境を大切にすること」〔第5学年及び第6学年〕
「自然の崇高さを知り、自然環境を大切にすることの意義を理解し、進んで自然の愛護に努めること」〔中学校〕

そして、もう一つの観点は［感動、畏敬の念］である。

■［感動、畏敬の念］について

内容項目
「美しいものに触れ、すがすがしい心をもつこと」〔第1学年及び第2学年〕
「美しいものや気高いものに感動する心をもつこと」〔第3学年及び第4学年〕
「美しいものや気高いものに感動する心や人間の力を超えたものに対する畏敬の念をもつこと」〔第5学年及び第6学年〕
「美しいものや気高いものに感動する心をもち、人間の力を超えたものに対する畏敬の念を深めること」〔中学校〕

［自然愛護］や［感動、畏敬の念］ということについて、考え、議論することにはだれも異論はないだろう。ところが、国から教育によって、「すがすがしい心をもつ」「感動する心をも

つ」「畏敬の念を深める」などと指導されたり指示されたりするとなれば、これには「私の内心にまで踏み込んでこないで」と、異論を唱えたくなるのも当然だろう。

だが、それらの内容項目には「すがすがしい心をもつ」「感動する心をもつ」などとは表記されておらず、「すがすがしい心をもつこと」「感動する心をもつこと」など、語尾に形式名詞の「こと」が付された点に着目しておきたい。このことについては、のちに詳しくふれたいが、きわめてニュートラルな語尾表現に改められたため、「すがすがしい心をもつこと」「感動する心をもつこと」「畏敬の念をもつこと」について、学年に応じて多面的・多角的に考え、議論(対話)を進めていくこと。そうすることによって「手掛かり」としての内容項目が示す価値について、各自が自分なりにより深く探っていくことのできる学びの場としていきたいものである。

わけても、「自然愛護」や「感動、畏敬の念」の内容項目については、次のような指摘がある。ぜひ共有して、「道徳科」の取り組みと関連づけていきたいものだ。

「地球温暖化、海洋酸性化など海洋環境の変化、海洋生物の多様性の喪失などは、基本的に、人の経済活動が海にもたらす帰結についての自然科学的知見の不足」だけの問題としてとらえるのではなく、まさに「海に対する畏敬の念の不足に起因している」[*5]ととらえるべきだという主張である。指摘されてみれば、たしかにそのとおりではないか。

自然環境はわれわれ人類の生存の大前提(基盤)であり、これの保全をないがしろにすることは本末転倒である。人間の傲慢さへの自覚の欠如にほかならない。

ちなみに、フランスの行政大学院では修了の要件として「哲学論文」があるそうだ。それは「幸福であるとはどういうことか、よき社会とはどのようなものかについて、見識のない人に行政を任せることほど危ういことはない」[*7]という理由からだという。「エリートの社会的責任」というものを、最高学府で必修として院生にしっかり学修させているそうだ。

行政に限らず、立法・司法に直接携わる人間も、この「見識」は十二分に備えたうえで事に当たるべきだろう。そこで重要なことは、座学のみで身につける見識だけではなく、幸福追求の権利を奪われている人々と直接出会い、当事者の声から深く学んだうえで培われる見識である。その基礎的な学習を、日本では小学校段階から「道徳科」の内容項目のなかに入れ込み、これを「手掛かり」にして考え、対話を深めていこうとしているのだ。そのように胸を張れる学びを構築したいものである。

「自然からの恵みに生かされている」という事実にあらためて気づくこと。これは「無条件の贈与への感謝」といわれるものである。私たちの生存自体が「無条件の贈与」によって持続を可能とされていることにあらためて気づくとき、せめて、それへの根源的な「感謝」の念と、あとは「享受の自然観」を自覚的にはぐくんだうえでの限りない自然保護しかできることはないのではないか。

とはいうものの、一つの結論めいたものを子どもに教え込んだり押し付けたりしても、意味をなさないことである。だが、「このような考え方がある。さて、自分はどう思うか、どう考えるか」と、子どもに問うていくことは大切にしたい。そのために、より具体的な内容をどのように提示して、いかに考える場をつくっていくかということが求められよう。

たとえば、小学校六年生の国語科で扱う『海のいのち』（作・立松和平）も、「自然愛護」「感動、畏敬の念」という内容に深く関連する文学教材である。

なぜ、太一は父の命を奪った瀬の主を、あのときあの場で一撃のもとに仕留めなかったのか。太一の内面に、まさに人智と人為を超えたものへの「畏敬の念」が、ごく自然に湧き上がったものと考えることができるのではないだろうか。

また、度重なる震災の発生とその甚大な被害にかかわる学習は防災教育として取り組まれているが、自然現象をどうとらえ、「畏敬の念」をどのようにはぐくんでいくかということも現代の教育課題として求められるところである。

私たちは自然の恵みによって生かされている。それはまぎれもない事実である。しかし一方で、自然は恵みとはまったく逆の「天災」と呼ばれる大小さまざまな災害をも私たちに突如もたらす。その脅威に私たちはただただ無抵抗な存在かといえば、そうではない。「予知」や「防災」「減災」の追求、そして「復興」という大目標をくじけることなくやり抜いている人々の姿が現にある。被災した人々はレジリエンス（回復力）を体現しながら、日々支え合い、励まし合いながら前を向いて果敢に生きている。そのような人間の姿そのものへの底知れない

「畏敬の念」もわすれるわけにはいかないのである。

［自然愛護］［感動、畏敬の念］にかかわるこれらの現実の姿に深く学びながら、「仲間をいじめている場合か」「人を差別して何になる」「自分にはほかにもっとすることがある。なければ、地域社会に出て、必死の思いで探しまくる」という覚醒と奮起の念が得られるようにしていきたいものである。

個の人権は地球より重い。人権の尊厳性とは、いかに重大なものなのか。これをあえて他の何かと比較しようとするなら、地球を持ち出すしかない。その地球よりも人権はさらに重たいものだということである。

同時にまた、地球総体の重要性は人権と並べたり比べたりすることができるものではないことも確かなのだ。

次のようなことばがある。

「地球は私たち人間なしでも存続できますが、私たちは地球なしでは存続できません」[*8]（国連副事務総長アミーナ・モハメッド）

小学校高学年の子どもにも中学生にも、このフレーズをぜひとも提示して、それを各自が自分のことばで「翻訳」することを道徳の授業でぜひ試みたいものである。

（5）合言葉は「誰一人として取り残さない」

二〇一五年九月、国連は加盟一九三カ国の全会一致によって「持続可能な開発のためのアジェンダ２０３０」を採択した。これは次のような、貧困、飢餓、保健、教育、ジェンダーなど一七の目標と一六九のターゲットで構成された「持続可能な開発目標（Sustainable Development Goals: SDGs）」を設定しており、達成期限を二〇三〇年と定めて現在取り組みが進行中である。

合言葉はこれだ。

「地球上の誰一人として取り残さない」

・目標１（貧困）　あらゆる場所のあらゆる形態の貧困を終わらせる。
・目標２（飢餓）　飢餓を終わらせ、食料安全保障及び栄養改善を実現し、持続可能な農業を促進する。
・目標３（保健）　あらゆる年齢のすべての人々の健康的な生活を確保し、福祉を促進する。
・目標４（教育）　すべての人に包摂的かつ公正な質の高い教育を確保し、生涯学習の機会を促進する。
・目標５（ジェンダー）　ジェンダー平等を達成し、すべての女性及び女児の能力強化を行

（国際連合広報センター WEBサイトより）

う。

・目標6（水・衛生）　すべての人々の水と衛生の利用可能性と持続可能な管理を確保する。

・目標7（エネルギー）　すべての人々の、安価かつ信頼できる持続可能な近代的エネルギーへのアクセスを確保する。

・目標8（経済成長と雇用）　包摂的かつ持続可能な経済成長及びすべての人々の完全かつ生産的な雇用と働きがいのある人間らしい雇用（ディーセント・ワーク）を促進する。

・目標9（インフラ、産業化、イノベーション）　強靭（レジリエント）なインフラ構築、包摂的かつ持続可能な産業化の促進及びイノベーションの推進を図る。

・目標10（不平等）　各国内及び各国間の不平等を是正する。

・目標11（持続可能な都市）　包摂的で安全かつ強靭

（レジリエント）で持続可能な都市及び人間住居を実現する。

・目標12（持続可能な生産と消費）　持続可能な生産消費形態を確保する。

・目標13（気候変動）　気候変動及びその影響を軽減するための緊急対策を講じる。

・目標14（海洋資源）　持続可能な開発のために海洋・海洋資源を保全し、持続可能な形で利用する。

・目標15（陸上資源）　陸域生態系の保護、回復、持続可能な利用の推進、持続可能な森林の経営、砂漠化への対処、ならびに土地の劣化の阻止・回復及び生物多様性の損失を阻止する。

・目標16（平和）　持続可能な開発のための平和で包摂的な社会を促進し、すべての人々に司法へのアクセスを提供し、あらゆるレベルにおいて効果的で説明責任のある包摂的な制度を構築する。

・目標17（実施手段）　持続可能な開発のための実施手段を強化し、グローバル・パートナーシップを活性化する。

これら一七の目標のなかから、自分がもっとも関心の高いテーマや関係の深い内容を選んで、まず「問い」を立て、既刊の図書やさまざまな資料を読んだり、関係者から直接話を聴くなどのプロジェクト学習をおこなうことも追求したいものである。その学習過程、そして成果を発表し対話を深める場が、とりもなおさず「社会の持続可能な発展などの現代的な課題の取扱いにも留意し、身近な社会的課題を自分との関係において考え、それらの解決に寄与しようとする意欲や態度を育てるよう努める」（学習指導要領「特別の教科 道徳」）機会であることはいうに及ばない。総合的な学習の時間などと関連づけて、ＰＢＬ（Project Based Learning）にぜひ取り組みたいものである。

（６）「愛」は心のなかに「おのずから起こる」もの

■〔伝統と文化の尊重、国や郷土を愛する態度〕について

これに関する内容項目も、「愛着をもつ」「愛する心をもつ」という表記の語尾に、形式名詞の「こと」が付されている。

教育現場においては「学習指導要領準拠」そして検定教科書の使用、しかも眼前の子どもに「準拠」しながら、その子どもの過去と現在に寄り添い、その先の進路保障をも念頭に置いて、日常の活動として教育という営みが実直におこなわれている。

「先生や学校の人々を敬愛し、……」という内容項目もあるが、これはそのような実直な姿と事実に日常的にふれてこそ、子どもは信頼感をいだき、「被尊感情」をはぐくみ、相手を慕うようになるのである。その結果として、敬愛の情を自然に懐（いだ）くようにもなるのだ。

また、自分が保護者から大事にされている、愛されていることを実感する子どもは、当然の

こととしてその保護者にも自然に敬愛の念を懐いて生きる。いわずもがな、「国や郷土を愛する心」も同様のことである。

「内容項目に規定している『国』や『国家』とは、政府や内閣などの統治機構を意味するものではなく、歴史的に形成されてきた国民、国土、伝統、文化などからなる、歴史的・文化的な共同体としての国を意味するもの（意味しているもの）」[*9]

このように解説されているが、同様にだれかから「愛する心をもちなさい」と指示されたり教え込まれたりして実質的に内面化していけるものではない。また、いうまでもなく「内心の自由」というものは保障されねばならない。

「この町大好き　学校大好き　友だち大好き」というフレーズや、よく似た文言をしばしば見聞きする昨今だ。しかし、これも同様に、そのような内心にかかわることは、本人である子ども自身が「ああ、自分はこの町や人々からとても大事にされている」「この学校で自分は友だちや先生から、ほんとうに大切にされている」と、ふだんからしみじみ感じ取れているなら、その帰結として自然に備わってしまう感情であり、さらにそれは認識へと深まっていくものである。

つまり、他者から自分が大事にされているという「被尊感情」、この「被尊感情」を本人が感得していくことを通じて、それらはナチュラルに着実にはぐくまれ、身についていくものなのだ。

ところが、「好きになっていますか」「好きになりなさい」「愛しましょう」「愛する心をもちましょう」といわんばかりの押しつけがましさや、無理強いに近いものが、ときとして先行してしまうことになれば「愛の強要」となってしまうだろう。これを国家がおこなうとき、その国家を作家の高橋源一郎（たかはしげんいちろう）は「DV国家」と呼ぶのである。

評論家の加藤周一（かとうしゅういち）曰（いわ）く。

> その対象が何であっても（略）「愛」は外から強制されないものであり、計画され、訓練され、教育されるものでさえない。（略）「愛」は心のなかに「おのずから起こる」私的な情念であり、公権力が介入すべき領域には属さない。愛国心も例外ではない。[*10]

ここで、さらに看過できない一点を共有しておこう。

「伝統と文化の尊重、国や郷土を愛する態度」（傍点は筆者。以下同じ）。内容項目の見出し、つまり「その内容を端的に表す言葉」は、そのようになっている。

ところが、内容項目では「我が国や郷土の伝統と文化を大切にし、先人の努力を知り、国や郷土を愛する心をもつこと」（高学年）という表記になっている。つまり、見出しでは「態度」、内容項目では「心」と使い分けがなされているのである。

では、改定教育基本法ではどう表現されているか。

「伝統と文化を尊重し、それらをはぐくんできた我が国と郷土を愛するとともに、他国を尊重し、国際社会の平和と発展に寄与する態度を養うこと」（第二条第五号　教育の目標）「心」ではなく「態度」を養うこととなっている。なぜ、そうなったのかというと、教育基本法の改訂時、大きな議論になったからである。「愛する心を養う」ではなく「愛する態度を養う」という表現なら、内心の自由にまで踏み込むことにはならないという判断理由から、あえて「愛する心」と表記することは退けられたのだ。「国家主義的な方向性には警戒心のあった」与党の一部が主張してのことだという。[*11]

ここで明らかになってくるのは「愛する心をもつこと」とした内容項目を、ただ一つのゴールとするなら、これは近代法の基本原理である内心の自由に踏み込むものになってしまうということである。

授業のなかで「道徳教育が目指す方向の対極にあるもの」とならないよう取り組むことが厳に求められる。

＊１　塔和子詩集『記憶の川で』編集工房ノア、一九九八年。高見順賞を受賞
＊２　中央教育審議会「幼稚園、小学校、中学校、高等学校及び特別支援学校の学習指導要領等の改善及び必要な方策等について（答申）」二〇一六年一二月二一日
＊３　金沢市教育委員会「金沢市いじめアンケート」二〇一六年度

＊4　松下良平「道徳について、本当のことを考えよう」『子どもの道徳』No.104、光文書院、二〇一三年五月

＊5　東京大学教育学部カリキュラム・イノベーション研究会編『カリキュラム・イノベーション』東京大学出版会、二〇一五年

＊6　小学校・中学校学習指導要領解説「特別の教科 道徳編」文部科学省、二〇一七年六月・七月

＊7　鷲田清一『哲学の使い方』岩波書店、二〇一四年

＊8　『朝日新聞』別刷GLOBE、二〇一七年一一月五日

＊9　小学校・中学校学習指導要領解説「特別の教科 道徳編」文部科学省、二〇一七年六月・七月

＊10　加藤周一「夕陽妄語」『朝日新聞』二〇〇六年三月二二日

＊11　前川喜平インタビュー「個人を大切にする教育を」『女たちの21世紀』No.92、アジア女性資料センター、二〇一七年一二月

コラム④

「一斉グループ学習」より「MG学習」

東京駅近くのとあるレストラン。

一人の客が店内に入った。しかし、店員は複数いるにもかかわらず、だれも席へと案内してくれない。むしろ、避けるかのように「レジのすみに引っ込み、何やら密談するばかり」だった。この客が「脳性マヒによる障害で、歩行器に身を預け、身体をタコのようにクネらせて立っていたから」である。

そこに、店長がやってきた。

「お客さん、一人？」

客は安堵（あんど）の気持ちで、大きくうなずいた。が、店長は「一人」であることを確認するだけで、群れる店員たちの輪の中へもどってしまった。

この事態を察知したのか、奥の厨房（ちゅうぼう）から、若い店員が駆け寄ってきた。

「いらっしゃいませ」

やっと客扱いしてくれたのは東南アジア系の男性店員だった。彼はカタコトの日本語で、空いたテーブルへと案内してくれた。

注文を取りにきた女性店員に「ビールとから揚げ」と告げた。しかし、彼女は悲鳴だけを残して去ってしまった。「言語障害まじりの私の言葉を耳にしただけで、恐怖心が走り、こちらの意思を理解できないと決めつけた様子」であった。

しばらくすると、先ほどの東南アジア系の男性店員がきて、「腰をかがめ、視線を私にあわせ、わかるまで根気よく聞き返してきた」……。

読み物教材の概要はこのとおりである。

「では、いまから『店員がとった態度について、思うことや考えられることは何か』を、教材の余白に各自書き込んでください。では、どうぞ」

そして、約一〇分後。

「それでは、各グループで率直に意見を出し合い、考えを深めてください、と授業ではよくやりますが、それは名付けるなら『一斉グループ学習』です。きょうはちがいます。いまから『MG学習』を体験してもらいます」

兵庫や大阪の若手教員、福祉関係者、そして学生らが集う「学級文化研究会・冬の例会」で、参加者に「MG学習」（モデル・グループ学習）を体験してもらった。

「今回は、私が独断で指名する四名の人たちがモデル・グループになってもらいます。このMGの四人だけが、いまから『店員がとった態度』について約一五分間話し合ってください」

いきなりの提案に、参加者は戸惑いながらも従ってくれた。指名された四人は悲鳴を上げることももなく教室中央に集まり、互いの顔が見えるように着席。

「では、MG以外の人は何をするのか。批判的観察者です。自分の意見と対比しながら、四人それぞれの主張をしっかり聴いてください。手元の『レフェリー・シート』にはMGの主張の明解さ、先の意見との関連づけの有無、勇気ある異論や考えの変容、多様な意見の見事な整理など、観察中に気づいたことをメモしてください。箇条書きで構いません。MGによる話し合いのあと、批判的観察者から気づいたことを遠慮なく発言してもらいます」

いよいよMGによる話し合いが始まった。

「こんな店員、いるのだろうか。いまの時代では考えられない」「いや、いまも十分ありえます」「障がい者に出会ってないから対応がわからないのだ」「店長の『お客さん、一人?』はあまりにも上から目線」……。

一五分間のあいだ、意見は途切れなかった。当然のこと、店長を含む店員の態度にきびしい批判が集中した。

終了まぎわ、東南アジア系の店員の態度について意見が少し出たところでタイムオーバー。いや、あえて授業者である私が終了宣言をしたのだ。

批判的観察者からはMGの意見に共感や賛同の声が相次いだ。だが、教職七年目というYさんは東南アジア系店員の態度に着目した。

「この店員は日本に来たとき、自分のしゃべることばがなかなか相手に理解してもらえず、苦労の毎日だったのではないか。だから、このお客とつながることができたんだと思う」
「つらさ」を共有する者同士の深い連帯感。ＭＧのだれもが焦点化できなかった内容を、ものの見事に指摘した。

この意見にＭＧメンバーもあらためて納得。「気づき合い」というＭＧ学習のメリットが再認識された瞬間だった。

今回使用した資料は一九九二年度公募・提言「ニッポン人の通信簿」受賞作品。松兼功（まつかねいさお）氏の文章だが、四半世紀も前のことと確信をもって一蹴できるだろうか。

第5章　「道徳科」の授業づくり

（1）「基盤教科」という位置づけ

新学習指導要領「特別の教科 道徳」では「児童自らが考え、理解し、主体的に学習に取り組むことができるようにすること」「児童が多様な感じ方や考え方に接する中で、考えを深め、判断し、表現する力などを育むこと」「多様な見方や考え方のできる事柄について、特定の見方や考え方に偏った指導を行うことのないようにすること」など、子どもが考えること、そして子どもの主体性と多様な見方・考え方がしきりに強調されている。

これから先、ますます不確実な時代へと突入していくことを見通して、新たな道徳教育へと進化させようとする意向の現れなのかもしれない。とくに、「考える道徳」「議論する道徳」への転換は、「心の教育」「心情主義の徳育」から、徳と知を止揚して「新たな認識の科学」をめざす第一歩を踏み出そうとするものと受け止めることもできる。

この点は「主体的・対話的で深い学び」の実現をめざす中教審答申[*1]（二〇一六年一二月二一日）の具体的な反映でもあるだろう。とくに、本答申では道徳の「特別の教科化」にあたって、次のように述べている。

「多様な価値観の、時には対立がある場合を含めて、誠実にそれらの価値に向き合い、道徳としての問題を考え続ける姿勢こそ道徳教育で養うべき基本的資質であるという認識に立ち、発達の段階に応じ、答えが一つではない道徳的な課題を一人一人の児童生徒が自分自身の問題と捉え、向き合う『考え、議論する道徳』へと転換を図るものである。」

質的転換を図っていくためには「価値観の対立」「答えが一つでない道徳的な課題」に、子どもが「自分自身の問題」としてとらえて、向き合い、考えつづけることが重要だとしている。

さらに、道徳教育の指導に関する基本姿勢について、学習指導要領解説「特別の教科 道徳編」では、次のような注目すべき指摘がなされている。この点は何をさておき見逃すわけにいかないことである。

「特定の価値観を押し付けたり、主体性をもたず言われるままに行動するように指導したりすることは、道徳教育が目指す方向の対極にあるものと言わなければならない。」

これは中教審答申（二〇一四年一〇月二一日）のなかの、インパクトのある表現がそのまま引用されたものだが、日々の指導上の、また、指導後のふり返りの軸とすべきものでもある。そして、「目指す方向の対極にあるもの」は、そのすべてを内からも外からも早々に克服されるべきである。

また、学習指導要領解説「特別の教科 道徳編」の「総説」では、次のようなことが述べられている。

「道徳教育は、人が一生を通じて追求すべき人格形成の根幹に関わるものであり、同時に、民主的な国家・社会の持続的発展を根底で支えるものでもある。また、道徳教育を通じて育成される道徳性、とりわけ、内省しつつ物事の本質を考える力や何事にも主体性をもって誠実に向き合う意志や態度、豊かな情操などは、『豊かな心』だけでなく、『確かな学力』や『健やかな体』の基盤ともなり、『生きる力』を育むために極めて重要なものである。」

道徳教育は人格形成の根幹にかかわるもので、道徳性とは単に「豊かな心」をはぐくむうえでの基盤となるものだけではなく、「知」と「体」の基盤でもあるという。

「自立した人間として他者と共によりよく生きるための基盤となる」ものが道徳性だとしているかぎり、それは当然のことかもしれない。これまでの道徳教育が「心の教育」にあまりにも傾斜しすぎていたのに対して、そこからの脱却を宣言するものと理解することもできる。しかし、教育課程における「基盤教科」として、いわば統括的な位置づけが強調されたと見ておかねばならない。端的にいえば「すべての学びの元締め」であり、かつての修身科が「首位教科」「筆頭教科」とされていたことと重ねてとらえておくことも必要だろう。

(2) 内容項目の「こと」の重大性

次に、すべての内容項目に共通する、表現上の変更点について着目しておきたい。それは表現上のごく小さな変更にすぎないことではあるが、とらえ方によっては決して小さなことではない。

これまでの学習指導要領とは異なって、一部改正学習指導要領(二〇一五年三月)、そして今回の新学習指導要領も、すべての内容項目の文末が「~する」ではなく「~すること」、あるいは「~もつ」ではなく「~もつこと」などのように、動詞で終わる表記ではなくなり、「~こと」と形式名詞を用いて体言止めのようなかたちに変更されたのである。

一例をあげるなら、小学校中学年の内容項目では[個性の伸長]として「自分の特徴に気付き、長所を伸ばすこと」と表現されている。これまでなら「自分の特徴に気付き、よい所を伸ばす」と表現されてきた。

「~こと」という文末の変更は、各教科などにおける内容項目の文末との整合を図ったものにちがいない。さらにいえば、憲法や教育基本法などの法律の項目表現に順じたものとも思われる。

しかし、前の項でも見てきたが、今回の新学習指導要領の趣旨に照らすなら、次のように理解することもできる。

たとえば「長所を伸ばす」というように、文末が動詞のままで終わる表現であれば、だれもが「長所を伸ばす」ものとして、決められた唯一のゴールが定められていることになる。これでは、考え、議論する余地などない。明示された唯一の「答え」として、子どもはこの項目をひたすらめざして学習するというニュアンスが強い。授業者も唯一の「答え」へと子どもを導くことが求められるわけだ。

ところが、「長所を伸ばすこと」という表現なら、そうはならない。なぜなら「長所を伸ばすこと」についてあれこれ考え、議論する。つまり、この道徳的なテーマを手掛かりに、主体的そして多面的・多角的に考え学んでいくことになるからだ。

「長所を伸ばすとはどういうことなのか」「なぜ、それが大切なことなのか」「いつでも、どこでも、それを懸命に大切にするにはどうすればよいか」「それができないときは、どうすればよいのか」などの問いを手掛かりにしながら、多面的・多角的に考え、議論・対話を深めていきましょう、ととらえることができる。

「長所を伸ばすこと」という表現は、他者からの、何が何でも必ず「長所を伸ばしなさい」というような指示命令や強制を意味するものと理解するよりも、むしろ、よりよく生きるために「長所を伸ばすこと」について、これを自己の課題として、主体的・対話的に向き合い、深い学びをめざそうとするものと受け止めることができるわけである。

このような受け止め方は、文末表記の本来の変更理由とは明らかに違った解釈にちがいない。

むしろ、文末に「こと」がつくほうが強制力が強いというとらえ方が一般的であろう。

ここで「こと」がつく表現を、次の例文で考えてみよう。たとえば「当会員は規則を守る」と「当会員は規則を守ること」の二つの表記について比較するとどうだろう。前者の「守る」は、主体的な意志が込められている。ところが「守ること」は、他者からの要求度や強制力が高くて「必ず守りなさい」というニュアンスが強い。はたして内容項目の「長所を伸ばすこと」も、同様の強いニュアンスで「必ず長所を伸ばしなさい」という指示命令のもとに学ぶことが求められるのだろうか。それはちがうだろう。「長所」「短所」といった自己の特性について、他者からの指示や命令はなじむものではない。

新学習指導要領「特別の教科 道徳」では学習者の主体性がより重んじられており、また、「特定の価値観を押し付けたり、主体性をもたず言われるままに行動するように指導したりすることは、道徳教育が目指す方向の対極にあるものと言わなければならない」と断言しているところである。

「乗法の計算が確実にでき、それを適切に用いること」(小学校学習指導要領 算数 3年)という内容の「こと」とは、文末表現は同一であっても、これの意味するものは、こと「道徳科」においてはまったく異なると考えるべきであろう。

したがって、文末の形式名詞「こと」を、このように理解するのは、大きく質的転換を図ることをめざしている「道徳科」の趣旨からしても、単なる表現の曲解として切り捨てることはできないと思うのだが、いかがだろう。

加えていうなら、学習指導要領「特別の教科 道徳」では、一九～二二の内容項目は「以下に示す項目について扱う」となっている。「以下に示す項目を達成するようにする」とは記されていないのだ。そもそも内容項目は「児童（生徒）自らが道徳性を養うための手掛かりとなるもの」（学習指導要領解説「特別の教科 道徳編」）という位置づけであることもわすれてはならない点である。

ちなみに、改定教育基本法では「幅広い知識と教養を身に付け、真理を求める態度を養い、豊かな情操と道徳心を培うとともに、健やかな身体を養うこと」などの五項目は「目標を達成するよう行われるものとする」と表記し、達成目標として定められている。

「長所を伸ばすこと」に話をもどそう。むしろ、子どもたちが「なぜ」「どうして」などの問いからスタートして「自分の特徴に気付き、長所を伸ばすこと」について、よりよく生きるために主体的・対話的に、そして多面的・多角的に深く考えることは、新学習指導要領の趣旨に照らすなら、きわめて準拠的で重要な営みであり、充実した学びの場と機会を保障することになるはずである。

わずか二文字の「こと」だが、その意味はじつに深く、収まりのよい文末表現として高く評価できる「こと」だと思えてならない。

文科省のホームページに「道徳の評価の基本的な考え方に関するQ＆A」というのがある。

ここに紹介しておこう。

Q　道徳が「特別の教科」になり、入試で「愛国心」が評価されるというのは本当ですか？　道徳が評価されると、本音が言えなくなり、息苦しい世の中にならないか心配です。

A　道徳科の評価で、特定の考え方を押しつけたり、入試で使用したりはしません。「特別の教科 道徳」では、道徳的な価値を自分のこととしてとらえ、よく考え、議論する道徳へと転換し、特定の考え方に無批判で従うような子供ではなく、主体的に考え未来を切り拓く子供を育てます。

（文部科学省初等中等教育局教育課程課）

したがって、「愛国心」にかかわる内容項目についても、「我が国や郷土の伝統と文化を大切にし、先人の努力を知り、国や郷土を愛する心をもつ」ではなく「～もつこと」について、多面的・多角的によく考え、議論・対話を深めて、「主体的に考え未来を切り拓く子供」をはぐくむということがめざされるべきなのである。

先にもふれたが、新学習指導要領「特別の教科 道徳」には、指導にあたっての「配慮」事項として「多様な見方や考え方のできる事柄について、特定の見方や考え方に偏った指導を行うことのないようにする」と記され、教材についての「留意」事項としては「多様な見方や考え方のできる事柄を取り扱う場合には、特定の見方や考え方に偏った取扱いがなされていないものであること」と記されている。これらの記述にも大いに合致する解釈として、内容項目の文末の「こと」を積極的にとらえておきたいものである。

なお、学習指導要領解説「特別の教科 道徳編」では「国を愛すること」の意味について「偏狭で排他的な自国賛美ではなく」という表現を用いて偏りを否定し、「国際親善に努めようとする態度（国際貢献に努めようとする態度）につながっている点」を強調していることも看過すべきではない（（　）内は中学校版）。

（３）教師自身の授業観が問われる

小学校新学習指導要領の第３章「特別の教科 道徳」。そのなかでも「第３ 指導計画の作成と内容の取扱い」をあらためて読み直してみよう。

そこから「道徳科」の取り組みについて、私たちが着目すべき点についてあらためて押さえておきたい。

まず、内容項目の指導にあたって「配慮するものとする」とされている事項について、以下の九点にわたって整理しておきたい（（　）内は中学校版）。

１「児童（生徒）や学校の実態に応じて、２学年（３学年）間を見通した重点的な指導や内容項目間の関連を密にした指導、一つの内容項目を複数の時間で扱う指導を取り入れるなどの工夫を行うものとする。」

これは学校の実態や状況に即した内容の重点化と、そこに時間をかけた指導を促している。したがって、一時間に一内容項目を画一的に扱うのではなく、たとえば、いじめや差別や偏見の問題などについてとくに重点化し、十分に時間をかけて学ぶことをめざそうとする学校では、これも推奨されるべきことなのである。

2「道徳科が学校の教育活動全体を通じて行う道徳教育の要としての役割を果たすことができるよう、計画的・発展的な指導を行うこと。」

具体的には「各教科、外国語活動、総合的な学習の時間及び特別活動における道徳教育としては取り扱う機会が十分でない内容項目に関わる指導を補うことや、児童や学校の実態等を踏まえて指導をより一層深めること、内容項目の相互の関連を捉え直したり発展させたりすることに留意すること」とされている。

これまで「補充・深化・統合」の時間とされてきたことであるが、検定教科書の内容を素材にして、補い、深め、まとめ合わせて、より発展的な学習をする時間帯として「道徳科」を位置づけていくことが求められている。

教科書の登場によって、人権・部落問題学習の取り組みがこれまでよりも窮屈になるおそれは十分考えられるが、教科書以外にも多様で魅力的な「教材の開発と活用」は「留意」事項にも掲げられているとおり必要なことである。
したがって、国語科・社会科などの各教科、総合的な学習の時間、特別活動などとの意味ある関連づけによって、これまでと同様に、いや、よりいっそう取り組みを推進していきたいものである。

3 「第2に示す道徳の内容は、児童が自ら道徳性をはぐくむためのものであり、道徳の時間はもとより、各教科、外国語活動、総合的な学習の時間及び特別活動においてもそれぞれの特質に応じた適切な指導を行うものとする。その際、児童自らが成長を実感でき、これからの課題や目標が見付けられるよう工夫する必要がある。」

教科化されるまでの学習指導要領では右のように記されていた。ところが、新学習指導要領では、次のとおりである。

「児童（生徒）が自ら道徳性を養う中で、自らを振り返って成長を実感したり、これからの課題や目標を見付けたりすることができるよう工夫すること。その際、道徳性を養うことの意義について、児童（生徒）自らが考え、理解し、主体的に学習に取り組むことができるようにすること。」

「道徳性」は子ども自らが養うものであるということに変わりはない。だが、新学習指導要領では学習者の主体性がより強調されている。この点に注目すべきである。外からの強要や注入はなじまない。いうまでもなく人間の生き方、あり方や価値観にかかわる内容は、安直に解が一つに限定されるものではない。つまり「単一解」はないのである。しかし、精いっぱい本音を出して話し合った末、その教室・集団のだれもがうなずくことができる「集団解」は、追求すれば見つけ出すことが可能である。これは「納得解」と呼ばれるものである。

仮に、そこに至らなかったとしても、学習の過程で「そのような見方や考え方もあるのだ」「背景にはそういう事情があったのか」「自分の考えは浅かった」「相手をそんな気持ちにさせてしまっていたのか」「考えがいっそう深まった」などなど、新たに気づいたり、揺れ動くことは限りなく多いはずである。ここには「集団解」は得られなくても、個の気づきの総和としての「集団的高まり」は確実に生まれているのである。

その点をこそ大切にしたいものだ。「道徳科」の評価も、この「精いっぱい本音を出して話し合える学級集団」の質というものが大前提となる。いや、この質は前提であると同時に、結果でもある。話し合いやさまざまな活動を重要視し、それらを仲間とくぐり抜けることによって、質的高まりが生まれていくことも貴重な事実である。

なお、中学校学習指導要領には、次のようなことが追記されている。

「また、発達の段階を考慮し、人間としての弱さを認めながら、それを乗り越えてよりよく生きようとすることのよさについて、教師が生徒と共に考える姿勢を大切にすること。」

「やり抜く力」「生き抜く力」は、今日、注目されているパワーであるが、「GRIT」ということばを持ち出すまでもなく、この追記は重要なことと思えてならない。（「ＧＲＩＴ」は注目に値する概念だが、それを四つの重要な要素「Guts（度胸）」・「Resilience（復元力）」・「Initiative（自発性）」・「Tenacity（執念）」として、各名詞の頭文字で説明している点は、なかなか興味深い。[*2]）

追記に戻るが、このような姿勢を学級で共有できるためには、なおさら集団の質を意図して高めるための学級づくりの取り組みが必要となる。週一回の「学活」の時間も、いよいよ貴重である。何としても有効に使いたいものだ。

「教師が生徒と共に考える姿勢を大切にすること」について、ことさら指摘・指示されるまでもなく、子どもに学び、子どもとともに生きようとする教師でありたいものだ。それが十分可能となる環境や条件の整備こそを国は保障すべきなのである。

４「児童（生徒）が多様な感じ方や考え方に接する中で、考えを深め、判断し、表現する力などを育むことができるよう、自分の考えを基に話し合ったり書いたりするなどの言語活動を充実すること。」

まず、多様な感じ方や考え方に接する場と機会をどうつくるかが大切なことである。このような経験がない子どもたちには、そのイメージすら湧かないはずだ。また、思考力、判断力、表現力を生かして外化するためにも、ひらかれた雰囲気の学級づくりが重要な条件になるだろう。

さらに、中学校学習指導要領には次のようなことが追記されている。この点も見逃せない。

「その際、様々な価値観について多面的・多角的な視点から振り返って考える機会を設けるとともに、生徒が多様な見方や考え方に接しながら、更に新しい見方や考え方を生み出していくことができるよう留意すること。」

差別や偏見、とらわれ事に支配された集団や、異なった意見が尊重されずに、一部の威圧的な意見が全体を支配したり、多数の意見に同調圧力が働きやすい集団のなかでは、「新しい見方や考え方を生み出していくこと」は困難である。自治的で民主的な集団づくりができているのか。厳しく問われるところだが、小学校においてもまったく同様である。

5「問題解決的な学習、道徳的行為に関する体験的な学習等を適切に取り入れるなど、指導方法を工夫すること。」

これらは教科化されるまでの学習指導要領では示されてこなかった指導上の方法である。学習内容にとどまることなく、指導の方法までもが例示されているわけだ。

「道徳科」における「問題解決的な学習」とは、通常、①問題の発見、②その背景を見つめ、分析する、③そして、よりよい解決のための方法や新たな問い・条件を探る、④これから具体的にどのような言動を大切にしていくべきか多面的・多角的に省察する、ということである。

その過程を通じて「道徳性を育む」ことになるのだが、同時に「自分との関係において考え」て、なお人権感覚や人権意識を豊かに磨くことができるためには、生活のなかで実際に起こった出来事を学習材化し、問いを立てて、その解決の道筋を多様に学んでいく方法がある。

ここでまず重視したいことは、与えられた問題を解決するという受動的な学習よりも、問題や課題の発見、つまり自ら「問い」を見つけ出すことであり、それの解決の過程で、また新たな問いを能動的に見つけ出していくことが貴重なのである。

一方の、「道徳的行為に関する体験的な学習等」とは、ロールプレイやさまざまに開発された参加型の擬似体験エクササイズを通じて、よく考え、身をもって学ぶための方法を指す。つまり、座して読み物から学ぶというスタイルに限定されないで、五感を使っての擬似体験的な学びを工夫することが求められている。

ここでは、体験的な学習によって、子ども自身が新たな気づきや鋭い「問い」を生み出し、そこからさらに考えを深めていくきっかけになるような展開をこそめざしたいものである。ところが、そうではなくて、授業者が意図するねらいを、そっくり子どもに体感させるための一つの手立てとして体験的な学習が準備されたり利用されたりするだけなら、それは学習者にとっては「まことに押しつけがましい方法」「くどくどしい手段」になりかねない。

ＮＨＫの『時論公論』でも、次のような心配や懸念を早川信夫（はやかわのぶお）・解説委員が端的に述べている。

問題解決型とはいっても、結局は正解があってそこにたどりつかせるための話し合いになりかねません。議論しているようで型にはめていく、多様性の尊重という意識から次第に遠ざかっていかないか、気になります。まして、こどもたちに成績をつけるようになると、一つの正解に向けてよい発言をするいわば「気の利いた子」が先生に好まれ、違う意見を持つことで教室にいづらいと感じるこどもが出かねません。[*3]

同様のことは「道徳的行為に関する体験的な学習」においても十分いえることではないだろうか。「結局は正解があってそこにたどりつかせるための」体験的な学習等にならないためにはどうすればよいのか。教師自身の授業観が根本的に問われるところである。

6 「特別活動等における多様な実践活動や体験活動も道徳科の授業に生かすようにすること。」

特別活動は「体験活動」そのものを通して学ぶ場と機会であり、「体験的な学習」の場ではない。この特別活動や人権総合学習などによって得られる実際の体験やリアルな出会いを、道徳科の時間帯と連動させて発展的に考え、学ぶことの重要性を述べている。

その道のさまざまな専門家や、実体験を有する当事者から直接学ぶ機会を大切にしたい。ここでも、重視したいことは、教師主導の「全面お膳立て」型や「子ども受動」型の学習という従来のパターンを何とか克服し、子ども発の「なぜ」「どうして」「どのように」など、問いと要求からはじまる子ども参画型の活動を追求していきたいものである。

子どもの問いを中心にすえて「だれを」「どこを」学びの対象にするのかについても、学習者の意見を尊重してプランと段取りを組んでいきたいものだ。

「そのようなことは、わざわざ言われなくてもわかっておる。やりたくても、時間がないのだ。現場はアレコレやらねばならないことが増える一方で、手が回らない。だから、ついついこちらが段取りを考えてやらざるをえないのだ」

そのような声が聴こえてくる。たしかにそのとおりだ。しかし、どこか一点でも子どもに委ね、自発と主体の力をはぐくんでいかないかぎり、ますます子どもたちは「待ちと受け」の「待ち受け人間」になっていき、悪循環が常態化してしまうばかりである。したがって、道徳科に限らないが、「どこか一点」でも風穴が開けば、子どもも教師もそれに味を占めて、悪循環からの脱却につながるにちがいない。まずは、その思いと一点風穴開け主義のアンテナだけは高く掲げつづけたいものである。

７「身近な社会的課題を自分との関係において考え、それらの解決に寄与しようとする（その解決に向けて取り組もうとする）意欲や態度を育てるよう努めること。」

これは教科化されるまでの学習指導要領では示されてこなかった学習課題である。

子どもにとって「身近な社会的課題」として「生命の尊厳」「情報モラル」などをあげている。また、現代的な課題として「社会の持続可能な発展など」を例示している。環境・貧困・人権・平和・開発など、地球規模の今日的な重要課題も「生命や人権、自然環境保全、公正・公平、社会正義、国際親善など様々な道徳的価値に関わる葛藤がある」ため、視野に入れていこうというのである。総合的な学習で例示されている「福祉」「健康」の領域ももちろん含まれるだろうが、先に示した「持続可能な開発目標：ＳＤＧｓ」は参考にしたい。

また、今後、小・中・高等学校を通じて、さらなる指導の充実を図るべき点として、「選挙権年齢の引き下げ等も踏まえた積極的な社会参画」にかかわる主権者教育、「障害者差別解消法の施行（二〇一六年四月一日）等を踏まえた障害者理解（心のバリアフリー）に関わること等」が、二〇一六年一二月の中教審答申のなかでは、明確に例示されている。

なお、この答申が出るわずか一二日前に成立した法律がある。「部落差別の解消の推進に関する法律」である（二〇一六年一二月九日）。時間的な関係で、中教審答申に例示されることは不可能だったが、部落差別が現在なお存在していることを深刻に見つめ、この社会的重要課題の解決にむけて、考え、議論・対話を深め、行動化のために学んでいくことは、いうまでもなく「道徳科」における大切な学習課題である。

ここで重視したいのは「身近な社会的課題を自分との関係において考え」という記述だ。「自分との関係」でとらえていく姿勢・態度の形成は、今日とくに力を注ぐべきである。他人事とならないよう、万全の工夫が必要なことはいうまでもないが、そのためには授業者自身の社会的課題への姿勢や態度、本気度がまず問われるだろう。何よりも子どもがそれを敏感に見抜いてしまうことは確かである。あわせて、社会的課題に対する子どもの自発と主体の力を、ふだんからどう培っていくかが大きく問われている。

まさに「お前たちのことだ」というツッコミが重要なのである。

8　「多様な見方や考え方のできる事柄について、特定の見方や考え方に偏った指導を行うことのないようにすること。」

身近な社会的課題にかかわって、教師の指導性について、そのように書かれている。世論を二分したり、多様な価値観や意見が渦巻く社会的課題は多々ある。また、二分とまではいかなくても、異なる意見というものはつねに存在する。

したがって、異論や少数意見についての反映や、人権の視点、わけても当事者主権の尊重という観点から、客観的に見ても子どもにとって貴重な情報と判断できるものは積極的に提供し、教科書には書かれていない内容や見方・考え方がある場合は、補完するための教材や資料を用意するなどして、子どもが深く考え、議論・対話することができる条件を整えることが必要となる。

「多様な見方や考え方ができる事柄について、特定の見方や考え方に偏った指導を行うことのないようにすること」とは、そのような必要性を私たちに示唆しているものと理解できる。ちなみに、ドイツにおける『政治教育三原則』（ボイテルスバッハ・コンセンサス、一九七六年）は、次のとおりである。

（1）教員は生徒を期待される見解をもって圧倒し、生徒が自らの判断を獲得するのを妨げてはならない。
（2）学問と政治の世界において議論があることは、授業においても議論があることとして扱わなければならない。
（3）生徒が自らの関心・利害に基づいて効果的に政治に参加できるよう、必要な能力の獲得が促されなければならない。

近藤孝弘（こんどうたかひろ）は日本の学校における政治教育の現状について「正しい理解の伝達を目的とし、中立性の要求は、意見が対立するテーマを排除する」として「政治（選挙）への参加を促す上では（社会科）教育観と『中立性』理解を転換する必要」があると主張している。[*4]
また、イギリスのシティズンシップ教育も「『論争的課題』を教育することで『争点』を理解し、政治的リテラシーを高めることが重視されている」という。[*5]
シティズンシップ教育や政治教育の途上国である日本は、ドイツやイギリスから学ぶことがあまりにも多くある。「道徳科」が「身近な社会的課題」や「現代的な課題」について考え、議論することとの充実をめざすなら、まずドイツの『政治教育三原則』は大いに参考とすべきだろう。

加えて述べておくと、たとえば「子どもの権利条約」や「世界人権宣言」などについて、もっと多くの「道徳科」教科書に掲載されてしかるべきである。

9 「道徳科の授業を公開したり、授業の実施や地域教材の開発や活用などに家庭や地域の人々、各分野の専門家等の積極的な参加や協力を得たりするなど、家庭や地域社会との共通理解を深め、相互の連携を図ること。」

これは「社会に開かれた教育課程の実現」という、新学習指導要領の基調に呼応するものである。注目すべきは「地域教材の開発や活用」を積極的に促していることである。「道徳科」の検定教科書だけを始めから終わりまで使いきらなければならない、といった固定観念は捨てなければいけない。内容項目に即して、これまで蓄積されてきた地域の歴史や文化を尊重する教材などのさらなる開発や活用。それらのことを柔軟かつ積極的に取り組んでいく。その際、家庭や地域社会との相互連携をいっそう有効に図っていくことが求められているのだ。

「各分野の専門家等」の参加や協力に関しては、今回の学習指導要領で新たに追加されたものである。教育現場ではすでに実施されてきたことを、学習指導要領が追認したものといえるが、さまざまな被差別マイノリティの人々をはじめ、ぜひ子どもが出会いたい、子どもに出会わせたい地域の貴重な当事者を学校に招いたり、子どもたちと訪問したりすることによって、多面的・多角的に学ぶ機会をさらに充実させていきたいものである。

(4)「人間尊重の精神にかなう」教材を

次に「道徳科」で使用する「教材」について、「留意するものとする」とされている事項について、以下の二点にわたって整理しておきたいと思う(( )内は中学校版)。

1 「児童(生徒)の発達の段階や特性、地域の実情等を考慮し、多様な教材の活用に努めること。」

これは教科書発行者にだけ進言している内容ではない。この点については第3章(8)で詳しくふれたとおり、子どもや地域の実態に応じた「多様で魅力的な教材」を活用するよう促しているのである。

「現代的な課題などを題材とし、児童(生徒)が問題意識をもって多面的・多角的に考えたり、感動を覚えたりするような充実した教材の開発や活用を行うこと」として「生命の尊厳、(社会参画、)自然、伝統と文化、先人の伝記、スポーツ、情報化への対応等」の内容も例示されている。そのときどきの新聞記事などを有効に使用しながら、「現代的な課題」を題材にして内容項目と関連づけていく授業の展開。そのようなことはこれまでもおこなってきたことだが、検定教科書が手元にあっても、子どもが興味や関心・好奇心をいだくホットな題材を使いながら柔軟にやっていけばよいことだ。要は、深い思考と対話を促す魅力的な授業づくりを、いかに子どもとともに愉（たの）しみながら追求していくのかということが大切なのである。

２　扱う教材については、教育基本法や学校教育法その他の法令に従い、次の三つの観点から適切なものであることを強調している。ここに記述はないが、最高法規である日本国憲法をないがしろにしてはならないことも、当然のことである。

①「児童（生徒）の発達の段階に即し、ねらいを達成するのにふさわしいものであること。」

発達段階を無視して、子どもが理解不能な内容を一方的に叩き込んだり、憶（おぼ）え込ませたり、暗唱させたりすることは非教育的であり、不道徳であり、子どもの人権をないがしろにするものであり、論外である。

②「人間尊重の精神にかなうものであって、悩みや葛藤等の心の揺れ、人間関係の理解等の課題も含め、児童（生徒）が深く考えることができ、人間としてよりよく生きる喜びや勇気を与えられるものであること。」

人間尊重とは、人を人として尊重すること、人が人として尊重されることである。自然や他の生命体を軽視し、利己主義的な人間ファーストや人間オンリーを意味するものではない。「人権尊重」という表現はなされていないものの、自他の人権の尊重を重視する教材の使用に留意するよう促している。一人の子どもの人間性を踏みにじったり、人権を侵害するおそれのある教材やその使用は厳しく問題視されなければならない。
家族というかたちや生い立ちの多様性、セクシュアリティの多様性、多文化化・国際化する教室、発達特性の多様性など、それぞれの子ども固有のさまざまな持ち味をふまえたうえで、相互理解と共生の価値を生み出していくこと。これを追求していく学びが「人間としてよりよく生きる喜びや勇気」をもたらすのである。人権感覚をはぐくむ、よりよい教材などの開発とその活用がいっそう求められる。
そのためには、たびたびふれるとおり、これらを学ぶ集団の質が問われるのである。

四月二十八日（くもり）ベトナムから来たリャンちゃんは、今日もさみしそうにしていた。日本語があまり話せないので声をかけてあげたくても、なかなかできない。私ももう六年生なのだから、しっかりしなくてはと思う。

教材『愛の日記』[*6]は、このような書き出しではじまる。
これを使った長野県の道徳教育指導者養成研修会で、参加者から次のような意見が出たという。[*7]
「（学校に）外国籍の方もいたりとか、子どもたちが逆に『自分のことかな』とか意識してしまうんじゃないか」

「道徳の授業をやることによって、子どもを傷つけるパターンも出てきてしまう」

素朴な意見ととらえるべきか……。前後の文脈は不明だが、参加者のこの意見だけをとらえるなら、まるで腫れモノに触るような姿勢が垣間見えてならない。

外国にルーツをもつ子どもがいても、この種の教材は扱わないで「そっとしておくほうがよい」ということなのか。事が起こったら、そのときどきに対応すればよいということなのだろうか。仮にそうであるなら、事なかれ主義・待機主義という批判は免れないだろう。ニューカマーの子どものケースに限らず、「これは自分のことだ」「これは自分たちのクラスのことだ」と、自覚できるような教材を意図的に取り入れて授業をおこなうことは少なくないはずだ。

むしろ、「自分のことかな」と意識しないといけないような緊張感のある集団にこそ、この教材は投入されるべきである。ニューカマーの子どもが「自分のことかな」と意識し、「さみしいのは自分だけじゃないんだ」と気づくためにも、この教材を扱えばよいではないか。また、周囲の子どもたちも「○○さんのことだな」と気づきながら、互いが自分の問題・学級の問題として相手とどのようにかかわればよいのか、これまでの自分の姿勢や態度をふり返りながら考えていく。その契機となるよう、この教材を活用すればよいのである。

子どもの実態を考慮するのは当たり前のことだ。何の配慮もせず、ひたすら年間計画に沿って、一律にこの教材を扱うというのは論外である。子どもとその集団の実情をにらみながら、いつ、どのようにこの教材を扱い、子どもたちに何を学んでもらうのか。それをワクワクドキドキしながら考えるのが教師の仕事なのだ。

リャンちゃんのようにさみしそうにしている子どもはいなくて、互いが親和的な関係にある。そのような集団だったとしても、この教材を使う場合はあるだろう。自分たちの集団の現状を問い、達成点や成果、そしてさらなる課題を共有するために、この種の教材を投入することは意味のある取り組みである。また、リャンちゃんとその集団にむけて、自分たちからメッセージを発するということも貴重な学びとなるにちがいない。ニューカマーではないが、さみしい思いをしている子どもが教室にいるというなら、なおさらこの教材は扱ってみたい。

子どもが自分の「悩みや葛藤等の心の揺れ」について、本音を出して語り合ったり書いたりすることができるひらかれた教室。一方で、これをつくっていく営みをしないかぎり、いくら教材選びと教材研究に労を尽くしたとしても、徒労に終わってしまいかねない。

ふだんの学級集団づくりと「悩みや葛藤等の心の揺れ、人間関係の理解等」についての学び合いは、不即不離の関係にあることをわすれるわけにはいかないのである。

③「多様な見方や考え方のできる事柄を取り扱う場合には、特定の見方や考え方に偏った取扱いがなされていないものであること。」

ここでは、すでに前項（3）－8で取り上げた指導のあり方と同様に、教材の取り扱いについて偏りがないようにすることを述べている。公平性を期すためにも異論や少数意見を反映することや、人権の視点、わけても当事者主権の尊重という観点が欠けている教材には、それを補うための情報を教材化することが必要である。

（５）イメージは人権を基軸とした「人道科」

ここまで内容の指導にあたっての「配慮」事項、そして扱う教材についての「留意」事項について概観してきたが、総じて次のように整理することができる。

小学校低学年で一九項目、小学校中学年で二〇項目、小学校高学年で二二項目、中学校で二二項目の内容項目は「各学年において全て取り上げることとする」とされている。

道徳科の年間指導計画を作成するにあたり、内容項目を一つ残らず取り上げなければならないことになっている。検定教科書は内容項目をすべて網羅し、その内容項目に対応した教材を、しかも年間授業時数の三五時間（小学校一年生は三四時間）と合致する教材数、あるいはそれ以上の教材をそろえて一冊に編纂されている。

しかし、教材の取り上げ方の工夫をおこない、それぞれの内容項目に対応した創意ある取り組みをしていくことを大切にしたいものだ。先に例示もしてきたように、これまでに作成してきた人権教育カリキュラムや独自教材、新たに開発した教材などを十分に生かして「人権の水をたっぷり吸った道徳カリキュラム」の作成とその実践をめざしたいものである。

人権教育を基軸とした「道徳科」。これを縮めて表現するなら「人道科」となる。時間割表にそのように表記しようというわけではない。しかし、トータル・イメージは自然界をも視野に入れたヒューマニズムであり、これを基調として、他者とともにいっさいの差別や不合理を許さず、自他の尊厳について深く認識し、より豊かに生きる人間としての基本的なあり方と人権について学んでいく教科としての「人道科」である。

「いじめの問題が深刻な事態にある今こそ、（略）道徳教育の重要性を改めて認識し、その抜本的な充実を図るとともに、新たな枠組みによって教科化する」（前掲）

この意気込みをもってするなら、教科の名称もこの際、一新するほどの英断が欲しかったと思うのは、筆者だけではないはずだ。

特別の教科。その名は「道徳科」だが、教材の開発と活用、教材研究をするときも、授業をしているときも「人道科」という視点とイメージはわすれたくないものである。

これまで「道徳」の時間だけで、部落問題学習をはじめとする「二一つの人権教育」（人権についての学び×人権としての学び）を展開してはこなかったし、これからもそうあるべきだ。検定教科書、そして地域教材などの開発と活用、ゲスト・ティーチャーの招聘、多様な学習方法の創意と工夫、子どものニーズと参加の追求……。

要は、他教科・他領域とクロスさせて、いかに「二一つの人権教育」が息づき、子どもが一人残らず生き生きと学ぶ「道徳科」の授業を展開していくかということなのである。

「道徳科」においては「人権の水」すなわち人権教育「二点・八項の視点」をことごとくい

きわたらせること。その授業づくりにあたって、知恵をしぼり、内容項目とていねいに正対させながら、これまでどおり、これまで以上に人権教育の視点を大切にした授業を積極的におこなっていくことに尽きる。とはいうものの、言うことはたやすいが、実際に取り組むためには多忙化のなかで、多くの障壁がありすぎることも確かなことである。

大阪の同和教育実践のある先人が、かつてこのように語ったことがわすれられない。

「忙しい、忙しいというけれど、この大事なことを放っておいて、あなたはいったい何に忙しいのですか」

忙しさの量も質も、かつてとは大違いである。それにしても、何と含蓄の深いことばだろう。いくら時代が変わろうとも「めざす教育」を推進するうえで、「この大事なこと」に軸足を置き、仕事にめりはりをつけて、いま優先すべきものは何かという点を中軸に、校内で話し合い、合理的な業務の分担と取捨選択を図りながら、濃淡をつけて物事を前に進めていくしかない。

もちろん、「働き方」について内部努力による工夫や調整だけに終始せず、働きやすい労働条件と環境を獲得していくために現状の根本的な改善にむけた人的・物的な要求運動をないがしろにするわけにはいかない。内部努力ばかりでは限界があり、それだけでは「学校のブラック企業化」の嵐はとめどなく襲いかかってくる一方である。

*1 中央教育審議会「幼稚園、小学校、中学校、高等学校及び特別支援学校の学習指導要領等の改善及び必要な方策等について（答申）」二〇一六年一二月二一日
*2 リンダ・キャプラン・セイラー他『GRIT』日経BP社、二〇一六年
*3 早川信夫「（時論公論）教科『道徳』初めての教科書検定」NHK、二〇一七年三月二四日
*4 近藤孝弘「ドイツの政治教育における政治的中立性の考え方」総務省資料、二〇一一年七月二五日
*5 小玉重夫「道徳とシティズンシップ教育の連携可能性」『Voters』No.19、公益財団法人明るい選挙推進協会、二〇一四年四月二五日
*6 「愛の日記」『私たちの道徳』小学校五・六年、文部科学省
*7 「『道徳』どう教え評価するのか」『けさのクローズアップ』NHK、二〇一七年九月六日

コラム⑤

「MG学習」による学びの相互性

「それでは、いまからグループで意見を深め合ってください」

授業のなかで、グループ学習がおこなわれることが多くなってきた。これは一斉授業の悪しき側面を克服するためだったはずだ。が、またしても「一斉グループ学習」である。

教師が投げかけた「発問」に、子どもたちの反応（食いつき）が鈍い場合、「では、近くの人と」「班で自由に話し合いを」などと促す。つまり、小グループなら話しやすいだろうという配慮から、円滑な意見発表の補助的手段としてグループ学習がよく用いられてきた。

しかし、活性化した学級では、教師の「発問」が少々洗練されていなくても、次々に子どもの手があがり、高質の意見表明がつづく。ほぼ全員が発言。本時では発言機会のなかった子どもも、仲間の意見にうなずき、しきりにノートを取る。そこには能動的な授業参加の姿が見てとれる。そのため、補助的手段としてのグループ学習など、まったく必要がない。

ところが、教室全体がダイナミックに躍動する授業に出くわすのは、一〇回の授業参観のうち一度か二度である。

しかしながら、なかには教師が「発問」役で、子どもが「返答」役というお決まりのスタイルを超えた感動授業に出くわすこともある。前時に子どもから発せられた「本質を突く問い」が、本時の授業のめあてになっているからだ。それをめぐって、教室全体が揺れながら思考を深めていくという授業である。

でも、そのような授業に遭遇できるのはきわめて稀なこと。多くは、授業が中盤にさしかかると、教師が用意していた「中心発問」を子どもたちに投入。「では、いまからグループで話し合ってください。あとで話し合ったことを、代表の人に発表してもらいます」という流れになる。

ところが教室によっては、すぐにグループ学習に入るのではなく、「中心発問」について、まず各自が考えをめぐらせ、それをノートに記述。これをもとにして、グループで話し合いがおこなわれる。

「障がい者問題を人ごとではなく、自分の問題としてとらえるなら、自分はどのような行動ができるか」

あるエピソードを綴った資料を読んだあと、そのような「中心発問」について、グループ学習が始まった。中学一年生の教室である。

「自分のできることからやっていく」

「困っている人がいたら、声をかけたり、荷物を持ってあげる」

目の前の六人グループの話し合いに、しばらく注目した。

「点字ブロックに自転車を置いたりしないで、小さなことから努力する」

その意見を受け、一人の女子が発言。

「それをポスターにして、市役所に貼らせてくださいと頼みに行く」

すると、即座に「ムリや！」と一蹴する声。何のフォローもなく、彼女はその後、口を開かなくなってしまった。そして、グループの代表が話し合った内容を発表することに。そこでも、彼女の提案意見はまったく反映されなかった。

「市役所に頼みに行くという発想、とてもよかったよ」

授業のあと、小声でそう伝えると、彼女は小さな笑顔を返してくれた。しかし、もどかしさが残った。

グループ学習のよさは、一人のふとした考えを共有できることにある。だが、そのよさが生かされない場合が多い。背景には学級集団の質という根深い問題が横たわっているのである。他者の意見を尊重することの大切さ。これを授業のなかでいかに学ぶべきか。それが問題なのだ。そこで思いついたのが「MG学習」だった。コラム④にも書いたが、「モデル・グループ学習」である。

「いまからグループで」と一斉にグループ学習に入るのではなく、本時のMG（モデル・グループ）だけが話し合い活動に入る。他のグループはメモを取りながら、批判的参観者に徹するのだ。話し合いが終わると、参観者から率直な意見を発して、MGのメンバーと応答。「中心発問」に即して、本時のめあてに迫っていくのである。

すると、「ムリや！」と一蹴された場面についての再考も、その場で期待できる。仮に、子どもから指摘がなければ、すかさず教師が介入していけばよい。

内容にかかわっての思考の深まりや表現の豊かさもさることながら、意見の連続性、他者の意見尊重、コラボレーション性、参加の態度、そして声の大きさに至るまで、「ＭＧ学習」によって相互に学ぶことは多い。

本時のＭＧをどこに。それは教師による指名や自他の推薦など、単元と集団の進化の程を見極めながら決定すればよいことだ。

ぜひ、この「ＭＧ学習」を子どもと愉しみながら実践化されたい。当初はＮＧが出ることも少なくないだろうが……。

第6章　教材で「考え、対話のある授業」を愉しむ

(1)「教材理解」と「生活対話」のバランス

いうまでもないことだが、道徳の読み物教材に比べると、国語科の文学作品のほうがはるかにストーリー構成も情景や状況の描写、人物の心理描写、ディテールも布石もすぐれているものが多い。道徳の読み物教材は、紙数も限られたなかで「授業における素材」としての有用性が求められるだけに、文学作品と並べて対比することはアンフェアかもしれない。

「道徳科」ではわずか一単位時間のなかで、しかも授業の「展開」部分という限られた時間枠において、子どもはいきなり

①授業者による教材の範読を聴いたのち、内容の正確な理解が求められる。(教材理解)

②授業者からの発問を通じて課題について考え、自分の意見を整理する。(自己内対話)

③議論・対話などの場で意見を述べ合う。(他者対話)

④生活をふり返り、自分の思考や気づきにもとづいて記述していく。（自己省察）

わずかな「導入」部分はあるものの、これらのことを、にわかに提示された教材をもとにして、準備もなしにしていかなければならない。したがって、学習者である子どもは、まず迅速かつ的確な文章読み取り能力が求められる。

そのため、道徳科の読み物教材は、ストーリー構成も描写もできるだけ簡素化しながら、課題の明示を図っていかなければならない条件下にある。

「道徳科」の教科書教材を含む読み物の類は、あくまでも一定の話題提供、課題提示のための素材なのである。設定された状況や、そこでの登場人物の中心的な言動や心情の把握と理解。これらは最低限必要である。しかし、それらを書きぶりに即してじっくり味わいながら読み深めていくことは主たる目標ではない。本来なら、「読み物」である以上、精読し、表現の細部にまでこだわりながら作品世界を読み取っていくことをしないかぎり、次の授業展開は困難なはずだ。が、残念ながら「道徳科」では、国語科の文学の授業のように多くの時間を使うことはできない。

重要なことは、「素材」としての読み物教材を「滑走路」として、子どもが誘導灯に沿いながら、主題にむかっていち早く飛び立っていくことなのだ。そして、「機内」に乗り合わせている者同士が、そこで自分と向き合いながら、どのような対話を深めていくかということである。「素材」である読み物の世界に入り込んで、内容を共通理解（同化）したうえで、それをもとに各自が自分の心情や生活と重ねたり、経験をふり返ったりしながら、対話を深める、あるいは文章化をおこなう（異化）。

ここで大切なことは「教材理解」と「生活（に即した）対話」の質的・量的なバランスである。まずは教材が投げかけてくる内容を正確に理解すること。この「教材理解」をあいまいに、あるいは軽視したまま離陸してしまうと、情報が共有されないまま飛び立つために、授業の向かう先が定まらなくなり、生活に即した対話もリアリティに欠け、深まりが損なわれてしまう。「生活上のこんな一面的なところばかりを子どもに深掘りさせてどうする気？　それだったら、わざわざこの教材を使わなくてもいいじゃないの」ということになってしまうわけである。

だからといって、教材世界の解釈ばかりにとらわれてしまい、なかなか「滑走路」を飛び立たない授業もある。「いったい、きょうは国語の研究授業なの。主人公の心情を考えることばかりに時間をかけすぎ。そのわりには表現に即した読み取りが弱くて、子どもは自分の生活を語らずに、思いついたことばかり好き勝手に発言しているよね」ということになってしまう。

「教材理解」と「生活対話」のバランスとはいえども、道徳の授業はあくまでも「生活対話」がメインであり、「教材理解」はサブの関係としてとらえるべきである。ただし、サブの「滑走路」をおろそかにする授業は、メインの「機内における生活対話」の方向性と質を高める授業にはなりがたい。ここに、道徳の授業のおもしろさと深みがあるといえるのだ。

また、「生活対話」の場面で重要なことがある。それは教材が投げかけてくる内容を「赤の他人事」「よそごと」としてとらえ、評論するようなスタンスでは「生活対話」が質高くおこなわれる授業には向かっていかないということだ。そうではなく、教材内容を「自分自身の問題」に引き寄せて、「いまの自分を見つめ直す」素材とするとき、主体的に考え、議論・対話が深まっていく授業の条件がそろうのである。

だが、「考え、議論する」には時間の確保が懸念される。ふだんの授業で、議論・対話に親しんだ学習集団をいかに育てていくのか。また、議論・対話の深まりを下支えする学級集団の質がいっそう求められることになるだろう。

(2) 授業で「発問」はどう工夫すればよいか

加えて重要になってくるのが発問の工夫である。授業では中心的な発問として、次の四つが基本型と考えられる。ここでは「おおかみ」が主人公の読み物を扱うという設定で進めていくことにしよう。

①［推察発問］「さて、おおかみはどうすると思いますか」、あるいは「なぜ、おおかみはそのようにしたのでしょう」と、話のつづきを予想したり、登場人物の言動とその背景を子どもたちに推察してもらう発問である。これを「推察発問」と名付けておこう。

②［評価発問］「おおかみのしたことについて、あなたはどう思いますか」「このようなおおかみについてどう思いますか」と、子どもたちに主人公の言動そのものを評価してもらう発

問である。これを「評価発問」と名付けておこう。

③〔仮定発問〕「もし、自分がこのおおかみだったら、どうしますか」と、仮定のもとに「あなたなら、どうするか」と迫って、課題を追求していこうとする発問である。これを「仮定発問」と名付けておこう。

④〔当事者発問〕「これまでの自分の経験と重ね合わせて考えてみましょう」「いまの自分はどうなのか。正直にふり返ってみましょう」と、実際の生活経験や生活態度をもとに、自分が当事者としてどうすべきか、どうなのかを問う。こちらは「当事者発問」と名付けておこう。これは③の「仮定発問」に、より制限をかけ、現在の自分自身に引き寄せて問題をリアルに追求していこうとするスタイルだ。

いずれの場合も、意見の根拠をも子どもに求めることは必要だろう。

①の「推察発問」は教材世界のなかや、登場人物のなかにわが身を置いた状態で感じたり考えたりすることが重視される発問のため、子どもは国語科的な読みをして、登場人物の心情を考えることになりがちである。

②の「評価発問」は、子どもに評価を迫るものである。「その子らしさ」が投影されるものの、どちらかというと傍観者的な立場からの評価となるだろう。したがって、これも国語科的な読みの世界に傾斜した発問といえる。ＰＩＳＡ（ＯＥＣＤ生徒の学習到達度調査）や全国学力・学習状況調査の国語Ｂ問題に近い読みの力を問うことになりがちである。

一方、③の「仮定発問」は自分だったらどう思うか、どうするかと、子どもが登場人物になることを前提にして意見を求める発問である。これも、PISAや全国学力・学習状況調査の国語B問題に近い読みの力を問うことになりがちである。

④の「当事者発問」は「仮定発問」よりさらに一歩も二歩も踏み込んだものであり、いまの自分なら当事者としてどう思うか、どうするかということを、過去の経験をもふまえて包み隠さず考えるように迫るわけだ。「仮定発問」は「もし自分がおおかみだったら、こう思う。このようにしたい」など、理想や願望が入り込む余地がある。それはそれで大切な思いの発信ではあるが、優等生的なきれいごとで終わってしまう危険性も十分はらんでいる。そこで、その余地をなくしてしまい、自分の偽らざるリアルな姿をふり返りながら、本心を語ることを求めるために制限をかけようとするのが「当事者発問」である。

「推察発問」と「評価発問」が、軸足を教材世界に置いているのに対して、「仮定発問」と「当事者発問」は軸足を子どもの生活現実に置いて考えることを求める。

ある内容項目を手掛かりにしながら「よりよい生き方」についてダイレクトに探っていこうとするとき、「一つの素材」として読み物教材が扱われる。生身の生活者としての子どもがリアルに課題に迫る生活対話をめざすなら、その発問は物語世界から「離陸」した「仮定発問」か「当事者発問」を用いることが妥当だろう。

いまとこれまでの自分に対して正直に向き合ってみる。つまり「自分自身の問題ととらえること」「自分の生活と重ね合わせて考えること」「いまの自分を見つめ直すこと」をより重視する。そして、それをお互いに胸襟ひらいて語り合う。この過程を大切にしていきたいものだが、そうであれば「仮定発問」より「当事者発問」がふさわしい。

授業者の発問いかんによって、その授業が方向づけられてしまうことは確かである。問題は、その授業で何をねらうのか。子どもにどのようなツッコミを入れ、何を求めたいのかということだ。それによって、発問が選択される。

登場人物の心情を豊かに読み解くことに重点を置くのか。そうではなく、子どもに自身の「現在」と向き合ってもらいたいのか。

道徳の授業、わけても人権の視点を基軸とした授業をめざすなら、もちろん後者である。すると、「当事者発問」がおのずと中心になってくる。

いずれにしても、深く考えなくてすむ「発問」、授業者が期待していることが子どもに透けて見える「発問」、つかみどころのない「発問」ではなく、それを聴いた子どもがこれまで考えたことのないような、それでいて意欲的に考えたくなるような刺激的な「発問」を用意できれば最高である。

ここで重要なことは、教師の発問を受けて、学習者の子ども自身が「自分の偽らざるリアルな姿や、本心をムリやり言わされる」と思うような授業なのか。そうではなく「ドキドキしながら、自分も発言したくなってしまう」授業なのか、である。

この大きな分水嶺。そこに横たわるモノの正体は、いったい何なのだろう。それは教師のもてる「授業力」か。それとは「別モノ」なのか。それとも「授業力」×「別モノ」なのだろうか。この点は意見の分かれるところにちがいない。

オマエはどうなんだ、と問う声が聴こえてきそうなので、私見を述べておこう。

どちらかがゼロ状態ということは考えられないだろう。「授業力」×「別モノ」。そして「授業力」よりも、むしろ「別モノ」の影響力が大きいと考えている。では、いったい「別モノ」とは何か。一言でいえば「ク・ラ・ス集団の質」である。この考え方のバックボーンには、わが敬愛する小西健二郎（こにしけんじろう）先生の次のような至言がある。それを引用して、この場はいったん閉めたいと思う。

「先生と子どもが、子どもと子どもが、お互に温い友愛に結ばれていない教室、仲間意識、集団意識のない教室、ボスがいたり、忘れられた子がいたりする教室、変な競争意識の強い教室、友だちの失敗をあざ笑い、ひとりになにか良いことがあれば、それをねたむ者がいる教室、そんな教室では、魂のゆれうごくような学習はできないと思います。[*1]」

(3) 子どもが「問い」を発する授業

もう一点、「発問」に関して、どうしてもふれておきたいことがある。

授業者の発問。これの大切さはいうまでもない。しかし、いつもいつも教師が発問し、子どもがそれに答えるという「師問児答」型のパターン化した授業。つまり、役割固定型の授業は「道徳科」においても克服したいものである。

他の教科では、子どもが「問い」をつぶやいて、それが次の授業の「めあて」となって授業が展開されることがある。

たとえば「なぜ、太一は父の命を奪った瀬の主を、一撃のもとに仕留めなかったのか」という第4章（4）（111頁）の「問い」は、私が静岡市で参観していた授業の終盤で、一人の子どもがつぶやいたものだった。

「うん。それについては、次の時間に考えることにしようか」

授業者はつぶやきを拾い、子どもたちに問い返した。だれもが納得して、その授業は終わった。まさに「児問児答」の授業が次の時間に予約されたわけである。算数の授業でも、他教科でもよく似たことは起こる。

同様に、道徳科の授業においても「子どもの問い」が重視されるようにしたいものだ。

「この前の日曜日、バスに乗ったとき、迷いながらお年寄りに席を譲ったら断られてしまった。すごく恥ずかしかった」

「きのう、テレビのニュースで見たけど、また、いじめで中学生がなくなった。どうして、友だちが死ぬぐらいのいじめがなくならないのか」

これらは日常に生まれる切実な「問い」だ。単一の答えが見つからない貴重な「問い」である。このようなつぶやきをもとにして、授業をどうつくっていくのか。私たちが問われている。

また、道徳科の授業中に、子どもが「問い」を発することもある。具体的には次の項で示したいが、たとえば『手品師』の授業でも、『はしの上のおおかみ』の授業でも、子どものつぶやきのなかに重要な「問い」が含まれることがしばしばある。

授業で子どもを揺さぶることの大切さ。これはよく言われる。「ゆさぶり発問」が工夫されることもよいことだ。同様に、こちらが子どもに揺さぶられる授業というのもたいへん価値あるものだ。子どもの思いがけないつぶやき、子どもが発した宝のような「問い」に授業者が揺さぶられ、そこから真剣勝負の授業がはじまる。これこそ魅力のあるすてきな道徳科の授業である。

一方、子どもの「問い」を無視する授業は稚拙である。適当にごまかしてしまう授業は罪深い。

「こちらが揺さぶられるなんて、それは単に教材研究の弱さにすぎない」

カッコよく、そう言い切りたいものだが、十分な教材研究を学年会議でおこなったにもかかわらず、子どもにすっかり脱帽してしまうということがあるではないか。むしろ、このようなケースを「まいった、まいった」とつぶやきながら、授業を愉しむ教師でありたいものだ。子どもに対する敬愛と愛着の念は、このようなところから増幅されていくのである。

しかも、子ども本人のくらし、つまり生活体験や生活実感から、ふと口をついて出る「問い」。

それは、こちらにとって意外で、思いがけないものであっても、じつは本人にとっては切実で必然性のある「問い」なのだ。だからこそ、大切にしたい。無視などもってのほかである。まず、授業者がそれを受け止める。しかし、授業者自身が力んで、勇んで、その「問い」に即答しなければ、と思う必要はない。

「ホーッ、なるほど……。みんなはどう思う?」

たとえばこのように、子どもたちに投げ返す。そこから考え、議論・対話が生まれるのだ。授業はここからはじまるのである。

子どもの「問い」をいかに尊重するか。それは、質の高い授業への「通用門なのだ」と、強くとらえておきたいものだ。

それでは、いよいよ実際に教材をもとにして、授業の構想と展開について考えていくことにしよう。

ここでは、低学年教材『はしの上のおおかみ』（作・奈街三郎（なまちさぶろう））、中学年教材『雨のバスていりゅう所で』（作・成田國英（なりたくにひで））、高学年教材『手品師』（作・江橋照雄（えばしてるお））、中学校教材『二通の手紙』（作・白木みどり（しらき））を取り上げてみたい。

いずれも、教育現場ではなじみの深い読み物である。これから述べることを手掛かりにして、他教材についても、子どもが考え、議論・対話が深まるための教材研究と授業の方法について、何か一つでもヒントを得ていただければ幸いである。

◆教材『はしの上のおおかみ』の授業を考える

◉授業者はコーディネーター役に

はじめに、小学校一年生用の読み物教材について考えてみよう。

『はしの上のおおかみ』は定番中の定番といえるだろう。初回の「道徳科」検定教科書にも、全八社がこぞって教材として採用している。

せまい一本橋のまん中まで、先にわたっていたうさぎ。すると、向こうからおおかみがやってきて「もどれ、もどれ」。うさぎは、もどってしまう。「えへん、えへん」、いばってわたるおおかみ。ある日、おおかみは橋の上で大きなクマに出会う。おおかみはあわててもどろうとする。と、クマはおおかみを抱き上げて橋をわたしてやる。次の日、おおかみは橋の上でうさぎに出会うと、自分がクマにしてもらったようにうさぎを抱き上げて橋をわたしてやる。「えへん、へん」。不思議なことに、おおかみは前よりずっといい気持ちになる。

この話は、内容項目「親切、思いやり」「身近にいる人に温かい心で接し、親切にすること」について考え、学ぶための素材とされている。

授業では、次のことがよく取り上げられてきた。自分を抱き上げて橋をわたしてくれたクマ。その後ろ姿をいつまでも見ていたおおかみの心情を読み解く。また、「最後に『えへん、へん』と言ったおおかみの気持ちを考えましょう」と「推察発問」をする。さらに、子どもに自分自身のこれまでと向き合わせる授業もある。

いずれも相手への分け隔てのない「親切」や「思いやり」を大切にすることについて考えることがねらいとされている。

橋の上で大きなクマに出会ったおおかみは、自分から引き下がろうとするが、クマはおおかみを抱き上げてわたしてやる。クマはお説教一つせずに、自分の持ち味を生かして、問題を難なく解決。その場をさりげなく去っていく。この場面はとてもさわやかで、じつにカッコイイ。

この話の後半に、次のような場面がある。

おおかみが、クマから親切にしてもらった次の日。

「一本ばしのまん中で、おおかみはうさぎに出会いました。」

ここで、子どもたちに気づきを表現してもらうために、一つ提案してみたい。

「さて、おおかみはどうするでしょう」

つづきを子どもたちに自由に考えて書いてもらってはどうだろう。「推察発問」である。もちろん、子どもには、その場面以降の本文は知らせない工夫をしておく。

これまでの授業の空気と学級集団の質が、どのようににじみ出すことか。興味津々の瞬間である。

「おおかみはクマにしてもらった親切を、うさぎにもしてあげる」

このような方向性でつづきを書く子どもはきっと多いと思われる。

「これから、みんなも相手のことをよく考えて、やさしい人になりましょうね。先生もそうしたいと思います。これできょうのお勉強を終わります」

これでは「すべて、お話のなかのこと」としてフィクションの世界に閉ざされてしまいかねない。道徳性とは内心に生じる価値なのだから、これでよし。それ以上何を望むのか、という考えに立つ人もいる。

しかし、これでは単にお話の世界のつづきを「観衆」という立場から、指先を使って書き上げたにすぎないだろう。子どもは自分自身の性格や思考や生活意識や経験とじっくり重ね合わせて、深く考えた結果、そのように書いているのかどうか。そこが問題なのだ。

また、子どもたち全員が揃(そろ)いもそろって画一的な「答え」しか、書いたり発表したりすることができない授業は、授業としてあまりにも貧弱である。この話の設定が「一本ばし」だからといって、子どもの意見まで同じ一本橋を足並みそろえてわたるようでは、学びそのものの貧弱さも明らかだ。

むしろ、十人十色のストーリー展開がなされるような学級集団と授業をこそ期待したいものである。多面的・多角的な思考はそこからはじまる。

○「受け止める」が、「受け入れ」や「受け入れ拒否」はしない

そこで、一歩踏み込んで子どもたちに問うてみてはどうだろう。

「クマから親切にしてもらった次の日、一本ばしのまん中で、おおかみはうさぎに出会いました。さて、もし、自分がおおかみだったら、どうしますか」

「仮定発問」である。いったい、どのような返答が生まれるだろう。

A「クマにしてもらったように、うさぎにしてあげる」

このような意見が多数を占めるかもしれない。

「だって、クマにしてもらって、うれしかったから」

「うさぎにも、やさしくしてあげたいから」

そのような意見がつづくなかで、次のような意見が出た場合、どうするか。

B「やっぱり、うさぎに『もどれ、もどれ』と、いってしまうと思う。だって、いばって、どなるクセがついてしまっているから。急にやさしくなったら、はずかしいから」

よくぞ言ってくれたと、称賛の思いをもって授業を継続するのか。それとも、表情がさーっと変わってしまい、顔を引きつらせて二の句が継げなくなってしまうのか。

ここに教師の教育観・子ども観・授業観、そして人権感覚が、瞬時に顕在化するのである。「道徳」の授業とは、じつに恐ろしいものだ。

では、実際にこのような意見が出た場合、授業者はどう対応すればよいのだろうか。この点について、教材研究をする学年会議であらかじめ検討しておきたいものだが、対応としては、まず次の二つが考えられる。

「道徳的によくない意見だから、授業者が批判的な意見を述べて処理してしまう」

「その子らしい正直な発言だから、肯定はできないものの、受け止める」

これらに共通する姿勢は、授業者が張り切りすぎということだ。すべて自分が受け答えをしなければと、前のめりになっている点である。その気持ちはよくわかる。ついつい口を挟みたくなるものだ。しかし、授業者は子どもの意見を「受け止める」ことは大切にするが、「受け入れる」ことや「受け入れ拒否」はしないでおきたいものである。それはどういうことか。意見の審判役にはならず、ニュートラルなコーディネーター役に徹したいものだ。

「そうか……。クセがついてしまってる……。はずかしいから……」

そのように受け止めたうえで、こうつづけてはどうだろう。

「いまのBさんの意見について、みんなはどう思う？」

子どもたちに問い返すのが、コーディネーター（つなぎ役）としての授業者のミッションと考えてはどうだろう。授業者が口を挟みたくなるような気がかりな意見ほど、それは子どもたちに考えてもらうべきなのだ。議論・対話が生まれやすい意見なのである。それを、授業者がすぐに横取りしてしまうのはもったいない。

もちろん、授業者がコーディネートしなくても、子どものあいだから手があがり、「Bさんの意見について」と、自発的な発言がつづく教室でありたい。一年生といえども、それはめざせば可能なことである。

もし、Bさんのような意見が出なければ、どうするか。そのときは、あえて授業者のほうから「Bさん発言」の内容を子どもたちに投げかけてでも、対話を盛り上げていきたいものだ。

要は、道徳の時間はきれいごとを言って終わる時間ではないのだ、という経験を一年生の時期から重ねることを大事にしたいものである。自分のいままでと、これからの振る舞いについて、まさに胸に手を当て、この先も見つめて本気で考える時間。そのような認識を一年生は一年生としてしっかりもってもらいたいと思う。

◉威張るおおかみの背景を考える

「おおかみはどうして、えらそうにしていたのだろう」と、問うてみることも大切にしたい。「推察発問」である。

すると、子どもは考えるにちがいない。

「さみしかったから」「だれかにいじめられていた仕返し」「かまってほしかった」「ともだちがほしいから」「わがままに育てられたから」などなど。よくないとされている行為の背景には、おおかみはおおかみなりの理由がある。そのことが理解できている子ども、意見を聴いて新たに気づく子ども、理解に苦しむ子ども、これからどうすればよいかについて新たな行動提起をしてくれる子ども……。さまざまな子どもの育ちの姿がくっきり具現する発問として、とても興味深い。

また、このおおかみは生まれてはじめてほかの動物からやさしくしてもらったんじゃないかなど、「被尊感情」がもてなかったことへの気づきが教室のなかに生まれることも期待したい。

もちろん、このような推察発問をする意図は明白だ。学級のなかに、はしの上のおおかみに似た振る舞いをする子どもXがいる。みんなから一目も二目も置かれている子どもYがいる。XやYのような元気者の存在に悩まされ、無力感や失望感をいだいている集団、仲間意識の希薄な子どもが多くいる集団など、学級が直面している課題と重ねて授業をするということである。

そして、XやYが本音を語っていくなかで、その行為の背景が少しずつ理解されていく。イヤな振る舞いをされた側の本音も語られていく。互いがかかわりをもつ手掛かりを得ていくことなどを、この授業を通じて生み出したいものである。

これまでの実生活のなかで「被尊感情」を感じ取ることができている子どもなら、クマから受けたわずか一回の親切で、おおかみが次の日から急にやさしいおおかみに変わることも合点がいくかもしれない。

そして、「自分がクマにしてもらった親切を、そのままうさぎにもしてあげる」というおおかみ像を無理なく表現することもできるだろう。

ところが、教室のなかには「被尊感情」が豊かではない子どもも必ずいるはずだ。そのような子どもが、あるいは学級内にいるイジワルおおかみ的存在の子どもが「クマにしてもらった親切を、うさぎにもしてあげます」と、真顔で発言したとき、それをどう受け止めるべきなのだろう。

手放しで喜んでばかりはいられない。これまでの自分をふり返り、深く考えた末なのか、そうではなく、場の空気を読んで、建前を口先で言ってのけただけなのか。その見極めと、自らの授業の質を根本的に問い直さねばならない瞬間だ。この点をスルーしてしまうわけにはいかないのである。

「次の日も、やっぱり、おおかみは『もどれ、もどれ』と、うさぎにいつもどおりどなりつけると思う」

そのように発言していた子どもが、次第にこのようなつづきを書く。

「そのつぎの日、おおかみは、また、はしの上でクマに出会いました。すると、クマはまえよりもずっとやさしく抱き上げてくれました。おおかみは、こんどは、うさぎさんに出会ったら、もう『もどれ、もどれ』といわないで、やさしいおおかみになろうと決めました」

こちらのほうが、子どものリアリティというものがかなり正直に表現されているととらえたいものである。自分のこれまでを精いっぱいふり返りながら、考えを少しずつ深めていると思えてならないからだ。

内容項目と教材を手掛かりに、子どもと集団が少しずつ少しずつ「化学変化」を起こしていく姿をじっくり見届けたい。もちろん小さな変化も見逃すことなく。それをキャッチしたときには、その子ども、その集団の後ろ姿をほれぼれと見つめておきたいものだ、いつまでも……。

打って変わって、次のようなつぶやきを発する子どもはいないだろうか。

◉将来をも見通した「親切、思いやり」

「もっと広い大きな橋をつくったらいい」

このように、状況にとらわれず、問題解決のために名案を提示する柔軟な子どもを育てたいものである。

次の日から、心を入れ替えたおおかみが、クマにしてもらった親切を、うさぎにしてあげるようになったとしよう。しかし、毎度毎度そのような振る舞いをしつづけるのは困難である。いつまでもやさしくて力持ちのクマやおおかみでいられるに越したことはない。が、ケガや筋肉痛で腕が使えないこともあるはずだ。年をとると腕力も衰えてしまう。そうなる前に、現状の橋を付け替えるという発想はすばらしいではないか。

「みんなで橋をつくろう。だれもがいつでも安心してわたれる大きな橋をつくればよいのだ」

森の動物たちみんなが知恵と力を合わせて、広い頑丈な橋をつくれば、当面の問題は解決するではないか。

この発想は、一定の与えられた環境や条件・状況のもとで、ひたすら「親切」や「思いやり」の心をもってよりよく生きていこうという心がけ主義を超えている。

　このお話は、現在の一本橋という環境が不動のものであって、その条件下で互いがいかに心を配り、適応して生きていくのかという限定版である。そのことを否定するわけではない。人が人とともに生きていくうえで「親切、思いやり」は、とても大切なことだ。しかし、いつでもどこでも心の問題や心がけの問題だけに囲い込んでしまって、その場で現状順応型の対応ばかりを求めるなら、それは「親切主義、思いやり主義」に陥ってしまう。それこそが「よりよく生きるための基盤となる道徳性」とする考え方でほんとうによいのだろうか。

　そうではなく、よりよい環境や条件を求め、仲間と力を合わせ、それをつくり出していこうとする現状改革型の考え方も、一方で大切にしたいものである。中・長期的な方向性や可能性を視野に入れない一面的・一角的な「道徳性」の学びというものには限界があるだろう。

　個人がその場で状況を考えて、善行を積んでいくことは大切にしたい。しかし、それに依存するだけではなく、ユニバーサル社会、持続可能な社会の実現ということを考えるなら、「だれもがいつでも安心してわたれる広い大きな橋」をつくるという発想は、将来をも見通した「親切、思いやり」として尊重したいものである。

○けがをしたおおかみ

　授業のなかで、子どもたちからそのような発想がまったく生まれない場合、どうすればよいか。

「おおかみはクマにしてもらった親切を、うさぎにしてあげました」といった意見ばかりが多数を占めて、大きな橋をつくる発想などまったく出てこない教室もあるはずだ。その場合は、またまた、授業者からさりげなく問いを発したらどうだろう。

「やさしくなったおおかみだけど、ある日、けがをして車椅子に乗らなければならなくなった。どうしよう」

それだけで十分だ。授業者がもっと調子にノッて、熱く、面白おかしく子どもに語りかけたい方には、こんなのはいかがだろう。

「きのう、先生の家におおかみさんから電話がかかってきたの。おおかみさんはとても困っていました。いつもいつも、うさぎさんたちを抱き上げて、橋をわたしてあげるのが、しんどくなってきたというの。

困ったなあ。おおかみさんに何かよい考えを教えてあげたいのだけれど……」

おおかみから電話なんて、そのような作り話はまったく性に合わないという方は、もちろんその部分はカット。そのようなファンタスティックな設定が大のお気に入りという方は、電話がかかってきた場面から再現ドラマ風「体験的な活動」を取り入れた展開を試みられてはどうだろう。

子どもたちに名案を募ってみると、きっと子どもならではの着想で、あれこれと出はじめるにちがいない。

「おおかみだって、だんだん年をとっていくのだから、しんどい気持ちはよくわかる。だから、橋をわたるとき、どちらが先にわたるか、じゃんけんで決めたらよいと思う」

この発想もよいではないか。「じゃんけんで決める」というルールづくりの発想だ。これは子どもたちの日常生活にも生かせる考え方である。

「じゃあ、その日から、この橋の名前はどうする？」

そうたずねて「じゃんけん橋！」という返答を待つことも愉しみたいものだ。これは自分たちで一定のルールを決めるという発想であり、法教育へとつながるものとして意味づけたい。

「おおかみやクマだって、年をとってきたり、ケガをしたときは、いまのようなやさしい力が出せないもんね……」

このように、こちらから問うてみるもよし。子どものなかから発言があれば、なおよしである。

「相手を抱き上げて、橋をわたしてあげることがだんだんムリになってくる……」

明らかに誘導発問からの展開である。しかし、子どもたち自身がいつの間にかつくり上げてしまっている思考の枠組みへの挑戦状でもある。つまり「概念くだき」をねらいたいものだ。そのためなら誘導発問も最小限、許されてよいではないか。これは「ゆさぶり発問」の範疇(はんちゅう)ととらえてもよい。

そのような「問い」を通じて、子どもの発想や思考が柔軟に働きだすと、次からの授業がおもしろくなる。道徳に限らず他教科の授業、さらには他領域での柔軟性へと転移することも期待したいし、その芽をキャッチするこちらのアンテナも磨き上げたいものだ。
もちろん、一コマの授業には時間の制約がつきまとう。ここに提案した発問のすべてを使うことには無理がある。目の前の子どもの実態に即して、発問の選択をすることは必要だろう。また、「生活対話」が盛り上がるために、「自分のこれまでの生活を正直にふり返ってみよう」という発問は、授業の終盤で用意したい。

◉教材のなかにシティズンシップ教育や主権者教育の萌芽

願わくば一年生の段階から、自発的にこのような豊かな発想ができる子どもを育てていきたいものである。それは、「新しい道徳の授業」がめざすものとして、つねに念頭にすえておきたい。

道徳教育を進めるに当たっては、人間尊重の精神と生命に対する畏敬の念を家庭、学校、その他社会における具体的な生活の中に生かし、豊かな心をもち、伝統と文化を尊重し、それらを育んできた我が国と郷土を愛し、個性豊かな文化の創造を図るとともに、平和で民主的な国家及び社会の形成者として、公共の精神を尊び、社会及び国家の発展に努め、他国を尊重し、国際社会の平和と発展や環境の保全に貢献し未来を拓く主体性のある日本人の育成に資することとなるよう特に留意すること。（新学習指導要領総則。傍線は筆者）

とくに、傍線部分の実現をめざすには、現状適応型の教育に終始しているだけでは不十分である。

だからこそ、これからの道徳教育は他者と共によりよく生きるための要件として、自分が住みつづけたく思え、生きつづけたくなるような社会や国のあり方も視野に入れた市民を育てることが重要となることはいうまでもない。そのためには、よりよい社会を求めて主権者として「社会参画」し、環境を自分たちで変えていく経験と、その達成感を味わっていくこと。その重要性が際立ってくるため、道徳教育にシティズンシップ教育や主権者教育の視座が強く求められるということになるのである。

ここで思い出されるのが宮沢賢治（みやざわけんじ）の次のことばだ。

「世界がぜんたい幸福にならないうちは個人の幸福はあり得ない」*2

すごいことを言い切っている。賢治の世界観にもとづく端的な表現だが、じつに深いことばである。このことばだけで一時間の道徳の授業が組めそうだ。賢治固有の世界に拘泥せず、子どもたちによる自由な現代語訳からはじめたいものである。「世界」を文字どおりこの地球上ととらえるのもよし。うんと圧縮して、「世界」を自分たちの学校・教室ととらえることも大いに結構なことだ。

子どもたちのあいだに、どのような考えや対話が生まれるのか。愉しみでならない。もちろん、現代語訳をしたのち、対話のなかで、賢治の考えに異論が飛び出してもよい。そのほうが授業も深まるはずだ。

道徳教育にシティズンシップ教育や主権者教育の視座が強く求められると述べたが、そう大げさに構える必要はいらない。具体的な道徳科の授業において考えるなら、シティズンシップ教育や主権者教育の視座とは「だれもがいつでも安心してわたれる広い大きな橋」をつくろうという発想そのものを尊重することなのである。

小学校一年生の教材『はしの上のおおかみ』のなかに、すでにその萌芽(ほうが)がしっかり埋め込まれている。そうとらえて取り組もうではないか。

◆教材『雨のバスていりゅう所で』の授業を考える

◉「晴れの日のバス停」ではどうなのか

四年生でよく扱われる教材に『雨のバスていりゅう所で』がある。これは内容項目［規則の尊重］「約束や社会のきまりの意義を理解し、それらを守ること」について考え、学ぶための素材として、八社すべての教科書にも掲載されている。

雨風の強いある日、よし子はバス停に駆け寄って先頭に立った。店の軒下には、バスを待つ客が雨宿りをしながら並んでいたにもかかわらず。よし子は母親に引き戻され、元の順番どおりバスに乗ることになる。いつもならやさしく話しかけてくれる母親が、いま車内で「知らぬふりをして、だまったまま」窓外を見つめている。そこで、よし子は自分のとった行動について考えはじめる、というストーリーだ。

いったい、よし子は自分のとった行動の何について考えはじめたのか。単一の答えへと導かないよう発問を工夫することは、なかなかむずかしい。内容項目に沿うなら、話の主人公は決まりを守らなかったよし子。そして脇を固めるのは、車内で「だまったまま」の母親である。

○さまざまな疑問

ところが、さまざまな疑問が浮かんできてならない。それは「考える道徳」の教材としては、決して否定されるべきことではない。むしろ歓迎すべきことかもしれないが、なぜ、よし子は雨宿りをしている軒下から、行列を無視してまで先を急いだのか。晴れの日のバス停でも、よし子はそうするのだろうか。そもそも雨の日のバス停での並び方は「規則」といえるのか。なぜ、母親はいつもとちがってバスのなかで黙ったままなのか。黙ったままでよいのか。その態度は規則違反とはいわないまでも、マナー尊重の精神に欠けるのではないか。このような親子のようすを、そばで見ているほかの乗客はどう思っていたのか、その点も案じられてならない。

まず、よし子だが、晴れの日のバス停でも、平気で順番抜かしをするのだろうか。それなら、母親は列をつくって並ぶ必要性をていねいに説明し、「きまりの意義」について考え、理解させる必要がある。よし子は、今回はたまたま雨のバス停だから、先に並ぶ客を無視したのだろうか。ここは、よし子に本心を聞きたいところだが、それは推察するしかない。それにしても、車内でそばにいる母親は「知らぬふりをして」黙りつづけてよいものだろうか。

よし子はバス停で整列乗車することを知っているものの、雨宿りをする軒下は、バスを待つ正規の場所ではない。そう思っていたのか。これも本人に聞いてみたいところだが、雨の日は軒下に並ぶというおとなたちがつくった「暗黙のローカル・ルール」を理解していないよし子が、何の悪気もなくバス停の正規に並ぶ場所へと駆け出した。そして、先頭に立っただけのこと。そのように真意を語ったなら、どう対応すべきだろう。それは明らかである。「ルール」を伝え聞かせるチャンスの到来であり、よし子の学習の場であり、母親は黙っている場合ではない。

たとえば、鬼ごっこ遊びでは、先にデン（タッチ）をしても、タッチする箇所が間違っていた場合、あとから正しいところにデン（タッチ）をしたほうが有効になる。子どもの世界には容赦のないルールがある。これが、ちょっと出てしまったまでのことかもしれない（いや、おとなの社会でもよく似たことがあるではないか。たとえば、駅のホームで電車を待っているとき、定位置からずれて電車が停止したときなどに、先に並んで待っていた人から順序正しく乗車するというケースはほとんどありえないということが……）。

○母親はなぜ黙っているのか

それにしても、この親子のコミュニケーション不足が気がかりで仕方がない。「いつもなら、やさしく話しかけてくれるお母さん」であれば、なおさらだ。このようなときこそ母親は、積極的に子どもに話しかけるべきではないか。

「どうしたの?」

これだけでよい。まずは、よし子の言い分を聞くことが大事ではないか。本人に意見表明の機会を与えるべきである。行為の背景を知る、つかむ。これは大切にしたい。人権・同和教育では、これをつねに大切にしてきた。

しかも、バス停周辺や、バスの車内は公共空間である。自分の子どもの「ルール違反」に沈黙をつづけるこの母親を、ほかのお客はどのような思いで見ていただろう。周囲のお客に一言、二言。あるいは軽く頭を下げるということはしないのか。

「この教材の主人公は『よし子』なのだから、母親の振る舞いは関係がない」

そのようなとらえ方は、なんとも悲しむべき一面的・一角的単純思考である。このような思考とは早く決別して、「物事を多面的・多角的に考え、自己の生き方についての考えを深める学習」をこそめざしたいものだ。

よし子は自分と母親の座席を取りたかった、ということを含めて、あらゆる事態は関係性のなかで生起するのである。

この母親が、もしも周囲に一言、あるいは黙って頭を下げたなら、よし子は母親の姿を見て、自分がしてしまった行為の重大さに、いっそう考えを深めたはずである。

ここで、もう一つ提案しておきたい。子どもたちに次のような変則的「仮定発問」をしてみてはどうだろうか。

この教材では、よし子は母親といっしょにバスを待っていたのだが、「母親といっしょではなく、友だちといっしょに待っていた。しかも、その友だちが自分だったら、さあ、どうしますか」という問いである。よし子がバス停に駆け出して、列を無視したとき。それと、その後のバスのなかでの対応。この二点について、自分ならどうするかを、ぜひ問うてみたいものだ。

このように仮定したほうが、子どもたちはより切実感をもって、「自分の問題」としてよく考え、対話を深めていくのではないだろうか。

◉法や決まりを真面目に尊重するには

ここまで、よし子の立場に一方的に加担した意見を、あえて述べてきた。

単に、よし子は席を取りたいがために、軒下に並ぶ客を無視し、「ルール」を破って先頭に立ったにちがいない。『雨のバスていりゅう所で』は、事の次第をそのように把握したうえで、「約束や社会のきまりの意義を理解し、それらを守ること」についてあらためて考えさせ、だれもが気持ちよく生活していくには「規則の尊重」がいかに大切であるか、議論を深めるための教材なのだろう。それは百も承知のことである。

しかし、「決まりを守る」＝社会秩序の維持という「答え」を身に付けることについて学ぶ場合も、「なぜ、決まりがあるのだろう」「決まりって、何だろう」「だれがつくるのだろう」「なぜ、決まりは守るべきなのか」「なぜ、その決まりを守れない人がいるのか」「そのようなときは、どうすればよいのか」などなど、子どもがいだく根本的で切実な「問い」や課題を素通りしたまま、ゴールを急ぐ授業は、子どもにとってどのような意味と魅力があるのだろう。加えていうなら、子どもは「決まりを守る」ということについては、保育所・幼稚園のときからよく知っている、わかっている。だから、そのことをゴールとする授業ではなく、そのことをスタートとする「問い」のある授業をつくり上げたいものである。

○「暗黙のルール」を超えて

そして、次のような意見をさらりと言ってのける子どもを育てたいものだ。

「このバス停に、屋根をつければいいのに……」

雨の日には、毎度毎度バス停前の店の軒下で、雨風を避けて、辛抱強く黙々とバスを待ちつづけるおとなたち。この店にとっても迷惑を感じるときがあるだろうに。おとながつくっている「暗黙のルール」に、子どもが従うということも必要だろう。しかし、不便さを感じながらも、何らアクションを起こそうともせず、その日その場をやり過ごしているおとなたちの姿。不都合があってもそれに慣れ、やがてマヒして、その「きまり」のなかに従順に埋没しつづけるおとなたちの姿は、よりよく生きるための見本たりえるのだろうか。

雨の日でも、雪の日でも、カンカン照りの日でも、屋根のあるバス停でバスを待つことができる。そのように環境を変える。このような発想が生まれてよいではないか。むしろ、そのような発想は必要である。軒を貸す店にとっても、迷惑の解消になる。よし子も、不愉快な思いをしなくて済むだろう。

「いや、いや。勘違いをしてはいけない。この教材は内容項目［規則の尊重］『約束や社会のきまりの意義を理解し、それらを守ること』だから、そのような考え方はねらいから大きく外れている」

それは百も承知のことである。規則の尊重は必要なことだ。しかし、「公教育の父」と称されるニコラ・ド・コンドルセのことばを思い出そう。

「法律を愛しながら、しかも法律を裁くことができなければならないのである[*3]」

法や決まりを尊重するとは、そういうことなのだ。「法律を裁くこと」、決まりをさばくことができる主体的な姿が、よりよく生きようとする姿そのものではないか。

○生活がはぐくむ知恵と学校教育の可能性

では、いったい「バス停に屋根をつければよい」という発想は、授業のなかでどのようにすれば子どもに生まれるのだろう。

これは生活がはぐくむ知恵といわれるものであり、これまでの実生活上の体験や経験から培われるものとも考えられる。ふだんの児童会活動などによって、自治の力をはぐくむことも大切なことである。

また、本時の授業における発問の吟味も欠かせない。子どもがこれまで考えもしなかったようなことを考えてしまう「問い」を用意することだ。さて、どのような「発問」をすればそれが可能となるのか。ぜひ、各自で知恵をしぼってもらいたいものである。

だが、それだけではない。もう一つある。それは学校教育の可能性というものだ。たとえば、小学校一年生のときに『はしの上のおおかみ』の授業で「だれもがいつでも安心してわたれる広い橋をつくればよいのだ」といった考え方を学んだ経験があるか、否か。そのような学習経験があれば「バス停に屋根をつければよい」という発想につながるのではないだろうか。

日常習慣にもとづいて、社会秩序を維持しつづけようとする自己の守旧派的体質。これを根っこから問い直す知性と習慣形成の機会を大切にしたい。

これからの道徳の授業がもつ可能性をここにも見いだしたいものである。

そのためには、まず教師が多面的・多角的な視点で教材研究をおこなったうえで、授業のなかで子どもの小さなつぶやきや想定外の発想をていねいに拾うことからはじめたい。

残念なことに、子どもの思考や表現にまだまだ柔軟性が見られない教室では、あえて授業者のほうから子どもに多面的・多角的な思考や観かたや発想が喚起されるような「問い」を用意して、子どもがもつフレッシュで意外な意見が多様に発せられる授業環境をつくり出していきたいものだ。そのことは「考え、議論する」ための重要な前提条件ということができる。

これらはユニバーサル社会の形成にかかわる重要な課題でもあり、まさに持続可能な社会づくりにかかわる課題である。合理的配慮が行き届いた社会づくりにもかかわることといえるだろう。

◉生活意欲にダイレクトに結びつく授業

ここまで『はしの上のおおかみ』と『雨のバスていりゅう所で』を取り上げてきたが、他の学年や中学校のさまざまな教材においても、「物事を多面的・多角的に考え、自己の生き方についての考えを深める学習」を進めていくことは十分可能である。それを大いに期待したい。一つの教材を多面的・多角的に読み込んでいくことはいくらでもできる。これまで、どうしてそこまで読み取れなかったの?と思えるほど、読み込んでいける。北野武が「なにしろ、ツッコミどころが満載だ。小学校や中学校で使っている道徳の教材をパラパラとめくっただけで、あっちにもこっちにもツッコミを入れたくなる」[*4]と書いているが、まず、目の前の「子ども準拠」で、一面的・一角的な読み方にとらわれさえしなければ、そしてクリティカルな読み方を放棄しなかったなら、いくらでも豊かに愉しく読み込んでいける。

○あえて焦点をしぼり込む

ただし、あえて焦点をしぼって読み込んで、その一点について授業を深めていく場合もある。これも、一方でわすれるわけにいかない。具体的にどのようなことを指すのか。それは、子どもA、そしてその集団という眼前の状況や実態をよく見つめて、授業で「勝負をかけるとき」

が必ずあるからだ。

子どもの実態、学級の状況は多様であり、変化もしている。したがって、年度当初の計画どおりに教材を扱っていくという「流れ作業」では立ち行かないのが、道徳科の特質である。

ボス的な存在の子どもがいるのに、服従したままの集団がある。弱い立場の子どもをいじめているという問題が発覚した。それぞれの子どもの関係性があまりにも冷淡に思えてならない。男女の関係がまったく親和的でない。教室内に、あまりにも利己的な考え方がはびこっていて、責任感に乏しい子どもが多い。仲間意識が低く、互いの信頼感が希薄に感じられる。あるいは、家庭のつらい問題を抱えて、気持ちがふさぎがちな子どもがいる。……

たとえば、そのような学級課題や個の問題に直面しているとき、また一人の子どもから「じぶんには長所なんて一つもない」「おとななんか、信じられない」「何のために勉強するの」などのつぶやきが発せられたとき、立ち止まって、これをみんなで考えてみる、話し合ってみることも、教師の「授業マネジメント」の一環として大切にしたいところである。

つまり、一九〜二二の内容項目、これが先にありき、ではない。年間指導計画優先でもない。まず、子どもの事実ありきだ。その事実と内容項目を紡いでいくという流れが必要である。子どもにとっては、むしろこの流れのほうが切実であり、内的必然性をもって、本腰を入れて意欲的に学ぶことができる。道徳科の授業を通じて、子どもたちが深く気づき、学び合って、生活意識を進化させていく可能性は十分ある。

また、子どもだけではなく、こちらにとっても切実かつたいへん興味深く取り組むことができるはずだ。

「この教材に出会うと、この子どもはどのような化学反応を起こすだろう。どのような意見を述べてくれるだろう」と。

教室内の不特定多数にむけた授業というより、むしろ、子どもAのために、子どもAにむけて、あえて教材のこの一点を焦点化して授業をおこなう。それが、結果的に、教室のみんなにも波紋を呼ぶ授業となる。このような授業は、人権教育の取り組みからは、そう珍しいことではないはずだ。

このような授業は、そんなに一筋縄ではいかない。しかし、自分の日常の生活について、立ち止まって内省し、教室の仲間と共に対話を深めていくことができたなら、これは国語科とは質を異にした学びの経験をすることになる。道徳科と国語科教育との相違点の一つにカウントすることもできるだろう。何よりも、子どもにとっていまとこれからの生活意識と生活意欲にダイレクトに結びつく授業となるにちがいない。

◆教材『手品師』の授業を考える

◉「正直、誠実」な生き方とは

高学年の授業でよく使われていて、初回の検定教科書にも八社全社が採用した『手品師』という教材がある。これは内容項目［正直、誠実］「誠実に、明るい心で生活すること」について考え、学ぶための素材とされている。あらすじはこうだ。

ウデはよいのに、極貧。大舞台に立てる日を夢見て、ウデを磨いている手品師がいた。ある日、彼は道でしゃがみ込んでいる少年と出会う。父は亡くなり、母は家を出たままだという。手品を披露してみせると、少年はすっかり元気を取り戻し、二人は明日も会うことを約束。その夜、手品師の元に大舞台に立てる朗報が入る。だが、手品師はその誘いをきっぱり断る……。

さて、この手品師のとった行動について「そのようにしたことがよかったと思うか。そうすべきではなかったと思うか」という「評価発問」をしたとしよう。何の前置きもせずに子どもに問うと、このような意見も出る。

「よかったと思う。なぜかというと、一人の男の子を感動させることもできないような手品師が、大勢の人に感動を与えることなどできるはずがないから」

なるほど。思わず納得してしまいそうになるりっぱな意見だ。しかし、そのように言いきれるだけの根拠を明確にもった意見といえるだろうか。この種の意見には、次のようなちがった意見も出てくるだろう。

「いや、一人の子どもを感動させられなくても、大劇場に集まったたくさんのお客さんを感動させることのできる手品師もいるはずだと思う」

このあたりでいくら考え、議論をしても空中戦になりがちだ。ねらいからもどんどん外れていくだろう。ここには手品師を「赤の他人」としてしかとらえていない自分がいて、頭のなかでつくり出された世界に引きずられていくだけなのだ。リアリティや真実味からどんどん遠ざかっていくことにもなりかねない。

もちろん、「そのようにしたことがよかったと思う」あるいは「そうすべきではなかったと思う」という評価を下す背景には、その子どもなりの生活経験や価値判断があってのことだろう。しかし、「観衆」としての立場からの評論になりがちなことは確かである。

○「自分自身の問題」としてとらえる

「観衆」同士のような議論に陥らないようにするには、やはりちょっとした前置きが必要である。他人事ではなくて「自分自身の問題」としてとらえて「そのようにしたことがよかったと思うか。そうすべきではなかったと思うか」と問いかけてみることだ。

そのとき、「自分自身の問題」として当事者性をもって考えられるように、「もし、自分がこの手品師だったら、どうしますか」と、「仮定発問」をしたならどうだろう。あくまでも仮定の話だから、あるいは教室の空気を読んで、本意や本音とはかなり異なった「頭のなかで思いついた、あるべき姿」を想定し、言ってのけることも十分にありうる。

また、「自分が手品師になったつもりで考えましょう」と急に言われても、そんなに器用に憑依(ひょうい)できない子どももなかにはいるはずだ。

もちろん、教室によっては次のような率直な意見を言う子どもも出てくる。

「自分は欲張りな性格だから、一生に一度かもしれないこのチャンスを無駄にしたくない。でも、男の子との約束も守りたい。だから、なんとか日が暮れるまでに男の子を探し出して、明日の約束を果たせないわけを伝えて、その場で手品を見せてあげる。そして、もし可能だったら、その男の子といっしょに大劇場に向かう」

あくまで仮定の話でありながら、この第三の意見には発言者である子どもの正直な姿勢、つまりリアリティがにじみ出している。

それはたまたま、その子どものキャラクターが出たまでだ、というとらえ方もできるだろう。しかし、そのキャラクターを遺憾なく発揮できる教室の空気というものが大きく作用している。そのこともわすれるわけにいかない。教室の空気、これはとりもなおさず学級集団の質がつくり出している「隠れたカリキュラム」そのものである。

「自分自身の問題」として当事者性をもってとらえるための、もう一つの問いかけ。それは「これまでの自分の経験と重ね合わせて考えてみよう」「いまの自分自身のことをふり返りながら、正直なところ、自分だったらどうするか考えましょう」といった「当事者発問」である。

こちらも、これまでの自分自身の経験の想起を急に求められるものだから、そう簡単にはいかない。まったく思い当たらない子どももいるだろう。しかし、約束のダブル・ブッキングという苦い経験などには思い当たる子どもも何名かいるにちがいない。これまでの経験と重ね合わせた意見がだれか一人の口からでも発せられると、話はたちまち具体性を帯びて、建前やきれいごとでは済まされなくなるはずである。

ひらかれた空気の漂う教室なら、教師の予想を超えたスリリングなエピソードを子どもが語り出すことも期待できる。

「保育所のとき、ほしかった金色のクレヨンをこっそり家に持って帰ってしまった。つぎの日、返そうか、すごく迷った。見つかるのが怖かったから。でも、そっと返すことができて、気持ちがスーッとしたことを思い出した」

その子どもは「心臓が取れそうや」と、つぶやきながら、意を決して話してくれた。手品師の葛藤とはまったく質も状況も異なる。だが、その子どもにとっては「誠実、正直」という気持ちについては同次元の問題に思えたのだろう。

「いまの話を聴いていて、思い出したことがある人もきっといるはず」

このように問い返しながら、意見をつないでいくことを大切にしたい。意見が出にくい場合には、「みんなだって約束が二つ重なって困ったこととか、これまでにない？」と、こちらから水を向けることも必要かもしれない。

ただし、迂闊（うかつ）に水を向けると、「この手品師の場合は、約束が重なったわけじゃなくて、男の子と約束したあとに、大きなチャンスが来たのだから、迷いに迷ったんだと思う」と、子どもからこちらがツッコミを入れられることもある。が、それはそれで大いにありがたいことである。

そして、話し合いが予想以上に盛り上がる場合は、子どもたちの生活のリアリティに迫りながら、いまとこれからの人とのかかわり方について、気づきや意味ある知恵など、学べることがらは少なからずあるだろう。また、深い省察がなされるよう授業を展開することも可能となる。

○「多面的・多角的に考える」

そうはいっても、なかなか授業が盛り上がらない場合も十分考えられる。だが、そのようなときには、ためらわずに「着陸態勢」に入ることである。ふたたび、「教材」という滑走路に滑り込んでいき、この手品師の選んだ道は「正直、誠実」というテーマに照らしてどうだったのか。それを子どもたちに問うてみたいと思う。

この手品師は「仲のよい友人」からの切羽詰まった依頼に対して、事情を正直に打ち明けることもなく、相談をもちかけることもせず、「ぼくには、あした約束したことがあるんだ」と、自分ひとりで判断。そして断りの返答をしている。その点について、友人への「誠実さ」やいかに、といわざるをえないのである。

何よりも手品師は自分の「夢」を犠牲にしてしまったのだ。果たしてこれを誠実な生き方といえるだろうか。のちのち悔いを残さない「正直、誠実」な判断といえるだろうか。自分がいだきつづけてきた「夢」とはそんなに軽いものだったのか。これらの点については、松下良平の指摘に学ぶところが大きい*5。

いろいろな要件を勘案しながら「正直、誠実」に生きていくこと。それはそう単純なことではない。いったい「正直、誠実」な生き方とはどういうことなのか。どうすることなのだろう。さまざまな側面から考え、模索することを「多角的」思考という。

いやいや、そのように複雑に考える必要などない。この教材では手品師が迷いに迷った末、男の子との約束を果たしたこと、その「正直、誠実」な姿に焦点を当てて授業を展開すべきだ、という考えはあまりにも「一面的」思考といわざるをえない。

授業のなかで、子どもが多面的な思考の末に、手品師の判断と行動について違和を覚え、意見を述べることがある。それをないがしろにするようなことがあっては、これは授業とはいえない。

「物事を多面的・多角的に考え、自己の生き方についての考えを深める学習を通して、道徳的な判断力、心情、実践意欲と態度を育てる」（小学校学習指導要領）

「物事を広い視野から多面的・多角的に考え、人間としての生き方についての考えを深める学習を通して、道徳的な判断力、心情、実践意欲と態度を育てる」（中学校学習指導要領）

これが「特別の教科 道徳」の「目標」でもある。

また、手品師が男の子との約束を果たした「正直、誠実」な姿という「一面」に焦点化したとしても、その一面について次のようなことが考えられる。

手品師が長年の「夢」を捨ててまで、自分との約束を果たしてくれたことを、のちに男の子が知ったなら、男の子はいったい何を思うだろうか。誠実に約束を守ってくれた手品師の人間性に感銘して、そこから人の生き方について学ぶことは大きいにちがいない。一方で、男の子は自分が「おねだり」「強いお願い」「無理強い」に近いものをしたせいで、手品師のおじさんは自分の人生の最初で最後かもしれないビッグ・チャンスを失ってしまったのだ、ということに計り知れない痛恨の念をいだきはしないだろうか。

このように「一面」について、さまざまな角度から考えることを「多角的」思考という。一面的・一角的に純化して考えることは、さまざまなことがらが入り組んだ日常の生活現実のなかでは、ほとんどありえない。子どもたちの生活においても同様である。むしろ、そのような単純思考は危険ですらある。

◉この手品師と子どもの行く末が心配

パンを買うのもやっと、という貧困状態、いや極貧ともいえる生活状態にある手品師。一方、母子家庭にあって、なお、母親が帰ってこない日が続いている小さな男の子。これは悲惨なネグレクト状態ともいえるだろう。その二人が強く交わした「約束」が、翌日、町のかたすみで、みごとに果たされる。

二人はそれぞれに豊かな気持ちにひたったことだろう。貧しくも、清く美しい話である。

○子ども発の「問い」から

「でも、先生。その次の日から、この二人はどうなるの？」

授業の終盤、子どもがこのような「問い」を発したらどうすべきか。想像力を働かせたその先で、二人の行く末が案じられてならなくなったのだろう。子ども発の率直で誠実な「問い」である。

これを無視する。いや、それは許されない。本時の「ねらい」から外れるので、と排除すべきでもない。

手品師と男の子の世界に同化して考えれば、このような心配ごとは生まれてもおかしくない。むしろ、生まれない教室のほうが「動脈硬化」を起こしていると考えてもよい。

何よりも、このつぶやきを聴いた子どもたちが、その意見に共鳴して、考え込んでしまうはずだ。

そのとき授業者は、胸躍らせ、落ち着き払ってこう語りたいものである。

「すごい、その意見！　さあ、どうなるのだろう。つづきをぜひ、思い思いに予想してみようよ」

そう応えて、次の時間に話のつづきを創作してもらう。これも「道徳科」の時間でおこないたいものである。国語科の時間ではなく、「考え、議論する道徳」へと進化させるためにも。

残念ながら、そのような想像力もつぶやきもいっさい生まれない場合には、こちらがそっとつぶやいてみてもよい。そのときの子どもの反応がたのしみでならない。そして、次の時間、子どもたちにたっぷりつづきを書いてもらってはどうだろう。

『手品師・続編　オリジナル版』として、製本・発行。もちろん、学級のＢＰ（ビッグ・プロジェクト）の一つである「未来出版社」（当時のわが学級には、この名称の子ども出版社が存在していた）が受注し、全員分の原稿をパソコンで打って本格的に製本する。頒布価格をいくらにするかは慎重に検討し、来月の参観日に売り出すことを決定。売りものであるからには、表紙も装丁も凝って、子どもによる手描きのカット絵も挿入。完成度の高い出版物となることを追求。そして、出版記念パーティーは別のＢＰ「イベント計画社」が原案を企画……。これは、もちろん特別活動領域で生き生きと取り組みたいイベントである。

「センセ、道徳ってたのしいなあ」

「ほかの教科と、ちょっとちがうなあ」

子どもたちにそう言ってもらいたいものだ。言わしめたいものだ。

○子どもの生活がにじみ出す

しかし、肝心なことは何よりもその「続編」に書かれる内容そのものである。

なぜ、手品師はビッグ・チャンスを断ってまで、男の子との約束を守ったのか。

「じつは、この手品師は子どものころ、親に捨てられて、おじいさんと二人でさみしく暮らしていたのです。そのころの楽しみといえば、たった一つ。おじいさんが薄暗い部屋のなかで、ときどき見せてくれる手品でした。だから、この手品師は自分とよく似たこの男の子のことが放っておけなかったのです。

つぎの日も二人は会う約束をしました。そのつぎの日も。手品師は、男の子のお母さんが家にもどってくるまで毎日会うことにしました……」

たとえば、このようなことを自分自身の置かれた現在の生活や境遇と重ね合わせて想像力豊かに書いてくる子ども。

じつは、作者の江橋照雄は、この手品師の生い立ちを次のように設定していたという。

「この手品師の父親も大道芸人であったと、しかしあまり売れない貧しい大道芸人だったと、しかも優しいお父さんで、大道で稼いだわずかなお金を、自分が出会った貧しい人、貧しい子どもに、なけなしの金をはたいてでも、あったかい食べ物を食べさせてあげたいなあとか、あったかい着物を着せてあげたいと思って、全部あげちゃうって人なんですよ」[*6]

しかし、いったん世に出た作品は一人歩きする。読み手の生活経験や生活実感に即した想像性も許容されるだろう。

また、別の子どもは続編をこのように綴る。

「じつは、手品師が大劇場に出られるチャンスを断ったのには、こんなわけがありました。

『とても、ありがたい話だ。これで自分は人気者になって、お金もたくさんかせげるようになるかもしれない。でも、これは自分の力でつくり上げたチャンスではない。友だちには悪いけれど、今回は断ろう……』

つぎの日から、手品師はこの男の子と毎日会うようになりました。かわいそうな子どもを励ましてあげるためではありません。どうせ、自分はだめな人間だと、ずっと落ち込んでいた手品師に自信と勇気を与えてくれたのが、この小さな男の子だったからです。

手品師はこの男の子に励まされて、やっと生き返ることができたのでした。男の子のおかあさんはとうとう家に帰ってこなくなりました。それで、手品師は男の子といっしょにくらすことにしました。……」

この続編もなかなか説得力があるではないか。腕はいいのに、あまり売れない手品師。芸にはきびしくこだわるが、愚直で、世渡りが不器用で、人の世話にはなりたくないという頑固さを備えた人物だったのかもしれない。

読み物教材の多くは、状況描写が十分でないと先に書いた。その分、読み手が一定の根拠をたどりながら、自由に豊かに想像できる余地が残されているということでもある。国語科では根拠のない読みなど、多くの場合、一蹴すべきこととなる。しかし、「道徳科」では極力文章の書きぶりに即しながらも、なお想像の余地を最大限生かす学習にこだわりたいものだ。

なぜなら、そこに、その子どもならではの思いや願いや立場性、わけても固有の生活とくらしぶりと生き方がにじみ出すからである。そうした点に着目し、それを尊重しながら、子どもが表現する内容には努めて敏感でありたいものだ。

○さらに社会的な視点から考えることも

しかし、極貧ともいえる手品師と、母子家庭にある小さな男の子が「二人だけの共助」で日々を過ごすというのはどうなのだろう。早晩、生活が行き詰まってしまうことは十分予想される。第一には「社会的課題」として、二人の生活状況をとらえていくことも欠かせない視座である。

自分たち二人は、これからも自己責任のもとに助け合い、励まし合って、くじけずにがんばって生きていきます、とはならないだろう。視野を広げて「公助」を求めて生きるという「多角的」な考え方も、この学習を通して子どもと学んでいくことが十分に可能である。

子どもの貧困問題など現代的課題と重ねて「多面的・多角的」に考えていける要素を、『手品師』という作品は内包していることをふまえておきたいものだ。

この点について、もう少しこだわっておきたい。

◉あなたはウデのいい「手品師」なのだから

道徳教育の目標は「自立した人間として他者と共によりよく生きるための基盤となる道徳性を養うこと」とされている。この道徳性とは、心の問題に押しとどめることが一般的であろう。ところが、そうであるなら、一定の置かれた環境や条件・状況のなかだけで、いかに心を配り合って、他者と共によりよく生きていくのか、ということに限られてしまいがちである。それゆえに、道徳教育は「心がけ主義」「心情訓練主義」という指摘や批判もあえて甘受しなければならなくなるのである。だが、それはこれまでの道徳教育の傾向であり、これからの道徳教育は先にもふれたとおり、「**『確かな学力』や『健やかな体』の基盤ともなり、『生きる力』を育むために極めて重要なもの**」としての道徳性を養うことが求められるのである。その点を看過することはできない。

善良で誠実で正直なこの手品師は「迷いに迷って」その末に、男の子との約束を守る道を選んだのだ。しかし、一定の与えられた条件や状況、発想を少しだけ変えてみるという知恵を働かせれば、あの男の子といっしょに大劇場に向かうということも可能だったはずである。そうすれば、男の子との約束も誠実に正直に果たすことができたし、自分の「夢」にも誠実に近づくことができただろう。舞台に穴が開かないように「代わり」の手品師を必死に探し求めていた友人の切羽詰まった願いにも誠実に応えることができたわけだ。一流の芸を求め、大劇場に足を運んでくれた観客を満足させることにもなっただろう。

なにぶんにも、彼は漁師でもなければ教師でもない。ウデのいい手品師である。多面的・多角的に知恵をしぼり、人をアッと言わせるほどの巧みなマジックを使って、二者対立ではなく、二者両立のすばらしいウデ前を披露してもらいたかったと思えてならない。

○「問い方のマジック」

ここで、若き哲学者の苫野(とまの)一徳(いっとく)がしばしば主張する「『問い方のマジック』」にひっかからないで」[*7]という主張が思い起こされてくる。

それは、どういうことか。

「わたしたちは、『あちらとこちら、どちらが正しいか?』と問われると、思わず、どちらかが正しいんじゃないかと思ってしまう傾向がある。まさに、『問い方のマジック』にひっかかってしまうのです。」

そういうことなのだ。どちらが正しいか、二者択一のワナにはまらないようにすること。それは「哲学の知恵の基本中の基本」だ、と苫野は断言する。

そして、次のことを提案している。

「あちらもこちらもできるだけ納得できる、第三のアイデアを考えよう。」

この手品師は、マジシャンでありながら自ら「問い方のマジック」にひっかかってしまったのだ。もし、彼にいま自分が直面する条件や状況を少しだけ変えてみようとする「第三のアイデア」を考える知恵があったなら、ちがった道はいくらでも開けたはずである。

○子どもたちが正直に考え、誠実に対話する過程を大切に

「手品師のとった行動について『よかったと思うか』。それとも『そうすべきではなかったと思うか』」

このような「評価発問」自体も、ややもすれば「問い方のマジック」に子どもを誘い込もうとすることになりがちだ。しかし、「そうすべきではなかったと思う」という選択肢には、多様な「第三のアイデア」が提案できる道が開かれてはいる。そのため、この発問自体はよほどの教室でないかぎり、子どもがそう窮屈な思いをすることはないはずである。

問題視すべきは、授業の流れのなかでは二者択一と見せかけながらも、最終的には、内容項目にあまりにも忠実に沿おうとするためか、「誠実、正直」な生き方とは、この手品師のような行いをすることなのです、人との約束を果たすこのような生き方ができる人が値打ちのある人なのです、という方向へと導いていこうとする意図がありありと見られる場合である。

そうではなくて、この手品師は迷いに迷った末、自分で決めて、子どもとの約束を守る道を選んだ。

「この手品師について、どう思うか」という「評価発問」。そして、「もし自分だったらどうするだろう」という「仮定発問」。さらには、「これまでの自分の経験と重ね合わせて考えてみましょう」という「当事者発問」を通じて、子どもたち自身が正直に考え込んで、誠実に対話を深めていくその過程をこそ大切に見守りたいものである。

授業者が一方向へと子どもを導くような授業は、新たに「教科」となった道徳の取り組みとはいいがたい。それは道徳によって子どもを「教化」しようとする取り組みにすぎない、という批判を免れないだろう。

これからの授業には大いに期待をかけたいものだ。学習指導要領が「問題解決的な学習」を取り入れることや、「児童（生徒）が問題意識をもって多面的・多角的に考えたり、感動を覚えたりするような」充実した教材の活用を促していることからも、『手品師』をはじめ他の教材もそのとらえ方と扱い方が大きく変わることが期待できるからである。

読み物教材には、どの学年にも「問い方のマジック」にひっかかりそうな作品が少なくない。あえて、再引用しておこう、次の文言を。

「特定の価値観を押し付けたり、主体性をもたず言われるままに行動するよう指導したりすることは、道徳教育が目指す方向の対極にあるものと言わなければならない。」

◆中学校教材『二通の手紙』の授業を考える

◉元さんは最後の最後に自ら晩節を汚した

中学校用の教材について取り上げてみよう。八社すべてが初回の検定教科書に採用している『二通の手紙』という教材がある。

内容項目「遵法精神、公徳心」「法やきまりの意義を理解し、それらを進んで守るとともに、そのよりよい在り方について考え、自他の権利を大切にし、義務を果たして、規律ある安定した社会の実現に努めること」について考え、学ぶための素材とされている。

はじめに、あらすじを記しておこう。

入門終了の時刻を過ぎてから、小さな姉弟二人が動物園にやってきた。入園係の元(げん)さんは特別に許可する。ところが、二人は閉門時刻になっても出口に現れず、職員たちは捜索をはじめる。その結果、小さな池で遊んでいるところを発見され、事なきを得た。数日後、元さんあてに一通の手紙が届く。子どもたちの母親からだ。「ひとときの幸福を与えてくださったあなた様のことは、一生忘れることはないでしょう」という感謝の手紙だった。ところが、その喜びも束の間、元さんはもう一通の手紙を受け取る。それは停職処分の通告書だった。元さんは自分の非を認めて、晴れ晴れとした気持ちで職場を去っていく、という話である。

規則を遵守することについて、考える教材だ。人情味にあふれる元さんだが、率直にいって、元さんの判断は甘い。新米の職員ではなく、経験豊かなベテラン職員である。規則を守ることは責務ではないか。小さな姉弟には、四時までに来るようにわかりやすく説明すべきだった。シールか何か、動物園のオリジナル・グッズでもあれば二人にプレゼントして、次回会うことを約束し、笑顔でバイバイすればよかったのに――。

「この年になって初めて考えさせられることばかりです」

「また、新たな出発ができそうです」

元さんはこのようなことばを残して職場を去っていく。それは具体的にどのような内容を指すのだろうか。この点を発問すれば、生徒たちはさまざまに推察するにちがいない。そして、人を思いやる気持ちから、情が傾くことがあったとしても、規則を破ることは許されない。その点について考え、学ぶことが授業のねらいとされるところだ。

○同僚は自分の責任をどう考えていたのか

永年勤めた元さんは、最後の最後に自ら晩節を汚すことになった。子どもへの「思いやり」が災いしたのである。ただ、本人は晴れ晴れとした表情を浮かべて、前向きな気持ちでいる。そのような元さんの人柄と生き方に、生徒が共感を覚えることも十分想定できる。

しかし、気がかりな点がいくつか浮かび上がる。一つは、元さんの退職という事実とその理由についてだ。あの子どもと保護者が、何かのきっかけで元さんが職場を去ったことを知ったとき、いったいどう思うだろう。大きなショックを受けるにちがいない。「自分たちのせいで……」と。

それだけではない。職場の同僚という立場から考えると、この事態をどうとらえるべきだろう。元さんの行為は、悪意があっての判断とはまったく逆の好意からだった。同僚の佐々木も元さんの行為について次のように言っている。

「元さんのそのときの判断に俺も異存はなかった」

さらに佐々木は、このように本心を語る。

「俺はどうしても納得いかなかった。あんなにあの子たちも母親も喜んでくれたじゃないか。それにここの従業員だって、みんな協力的だった。それなのに何でこんなことになるんだ」

元さんの処分に対して、他の同僚も自分たちの責任についてどのように考えているのだろう。この点は生徒たちと考え合うに値することである。

○再発防止でも多様な意見が

だが、本時のねらいは遵法精神について認識を深めることにある。そのため、中心発問は再発防止路線でいきたい。

「元さんのような事態をふたたび生まないために、今後、必要なことは何だろう」

そのように問うと「ちゃんと規則を守ればよい」という単純な意見が即座に返ってくるかもしれない。その意見も甘受しよう。

「しかし、ベテランの元さんだ。そんなことは十分承知していたはず。でも、単純にそうできないケースに元さんは直面したのだ。生徒のみんなだって、よく似た経験があるのでは」

こう切り返して、「今後、必要なこと」について、さまざまな意見を求めたいところである。再発防止について考える過程で、生徒から意外な意見が飛び出すことも期待できそうだ。

「規則を守らない場合、罰を重くする」

このような厳罰主義や、入園係をなくして機械化を導入するという意見も予想できる。議論は白熱しそうだ。どのあたりに意見が集約されるのか。授業者は第一舵(かじ)取り人として右往左往しつづけるかもしれない。だが、発問次第で授業は深まりそうである。

右に左に考えが振れながら、意見の妥当な落ち着き先、つまり「納得解」が生徒たちの思考によって導き出されていくこと。これが現実のものとなれば、授業は成功したといえるだろう。

じつは元さんの処分について、もう一時間使ってでも考え合いたい側面がある。

このような場合、通常、職場では元さんの処分軽減などを求める嘆願署名や、それに類するアクションを起こすものだ。二人の子どもの保護者を探し出して、協力を得ることも追求すべきだろう。春休みに、毎日決まって園の入場門にやってきた子どもたちなのだ。探し出すことは不可能ではなかろう。

◉元さんだけが処分されて済むのか

世間は、職場は、この「話」のような冷たいところばかりではない。規則を守ることの大切さについて、その意義を含めて学ぶのは大事なことだ。同時に、同僚の人権を守ることの大事さについても学びたいものである。

授業後の研究討議で、このような発言をすると、本時の内容項目から逸脱しているなどの声が聞こえてきそうである。だが、わき目も振らず「遵法精神、公徳心」の一点だけを見つめさせ、考えさせ、議論させるべきだという姿勢こそ無理強いというものではないか。そのような一面的・一角的単純思考では、深く考えることを抑圧してしまうことにもなりかねない。そのような思考から解放されて、「物事を多面的・多角的に考え、自己の生き方についての考えを深める学習を通して、道徳的な判断力、心情、実践意欲と態度を育てる」(「特別の教科 道徳」の目標)という姿勢を優先させたいものである。

そこで、もう一時間使って「思いやり、感謝」に関する内容項目を『二通の手紙』で扱うことにしてはどうだろう。だが、このような教師サイドの計画を必要としない事態が生まれるなら、それはこの上なくありがたいことである。

「元さんだけが処分を受けるのは、気の毒すぎると思う」

生徒のだれかから、このようなつぶやきが生まれる……。そんな「あっぱれ教室」「あっぱれ学習者」の育成を、ふだんからめざしたいものである。

さらに元さんは、小さい子どもは保護者同伴でなければ入場できない、という規則も破っていたのである。

先日、思い立って大阪市天王寺（てんのうじ）動物園に電話で問い合わせてみた。すると、「当園にはそのような規則はありません。子ども同士の姿もよく見かけます」とのことだった。規則とはそのようなものである。普遍性や広域性のない場合もある。だが、やはり規則は規則なのである。

「雑木林の中の小さな池で、遊んでいた二人」が夕刻、発見された。今回は、たまたま事件事故に遭わなくて済んで幸いだった。遵法精神は安全・安心な環境を保障するためにも大切なものである。しかし、ニュースでよく報じられるように、保護者同伴の場合でも、ちょっと目を離した隙に事件事故に遭遇することがある。「雑木林の中の池」は、安全が確保されるよう柵などの環境整備が万全であるのか、今回のことを契機に、園として一斉に安全点検を実施する必要はあるだろう。

また、元さん一人の判断で姉弟の入園を許可したため、結果として元さんだけが自己責任のようなかたちで処分されることとなった。今回のような事態がふたたび生じないためのセーフティーネットを、園のシステムとしてどう構築するかが今後の課題なのである。

要は、規則に違反した個人を処分するだけで済ませてよいのかということだ。再発の防止ができて、いっそう安心・安全な空間をつくり上げるため、組織をあげて最大限の努力をすべきである。大げさなことをいっているわけではない。これは今日求められる当然の社会的な責務だ。が、この教材の冒頭部分を読むと、ヒューマン・エラーによる規則違反の再発の可能性はまだまだ残っているではないか。元さんの処分をムダにしてはいけない。

規則の違反者個人を処分するというやり方。これは一定の組織において、現代では通用しない。発生事案の背景要因を探り、システム上に問題はなかったのかを調べ上げ、組織として、再発を防止するための改善策を講じていくことが今日の潮流である。その意味では、この教材は時代に合っていない、という指摘を免れないだろう。内容のマイナー・チェンジが求められるところである。

参考までに記しておくと、『二通の手紙』の文中、元さんが受け取った二通目は「停職処分」ではなく「解雇通知」となっている資料もある。[*8] 解雇処分はあまりにも厳しすぎるということで、『私たちの道徳 中学校』の掲載時には処分の軽減がそっとなされたのかもしれない。

（４）「道徳科」の評価はどのようにおこなうのか

『はしの上のおおかみ』『雨のバスていりゅう所で』『手品師』、そして『二通の手紙』の四つの教材について、授業のなかで考えが多面的・多角的に深まることを期待するあまり、かなりクリティカルに管見を述べてきた。

でき上がっている教材を批判することは、非常にたやすい。登場人物の言動に対してツッコミを入れることも、そうむずかしいことではない。むしろ肝心要なことは、自分の生活をふり返り、そこで自分自身の思考や態度と真正面から向き合うことだ。そして、新たに気づいたこと、省みたこと、考えついたこと、心が揺れ動いたこと、戸惑いなどなど、その授業で学んだことを、自分のいまとこれからの生活にどう生かしていくのかということである。

授業の終了を告げるチャイムが鳴ると、心も頭もリセットしてしまい、すっかりチャンネルを切り替えてしまうようなことでは、それは道徳の授業で考え、議論し、よく学んだとはいいきれないのである。また、そのような授業は道徳の授業とはいいがたい。授業で学んだことと、自己の実生活の一体化をめざす。つまり授業の事実と生活の事実はコインの裏表のようなもので、これの一体化を、ときには喘（あえ）ぎ、葛藤しながら探っていき、乖離を少なくしていく姿。これこそが、困難ではあるものの、とても貴重なことである。それが容易ならざることは、だれもが承知している。容易であるなら、文学や諸芸術がこの世に生まれはしないと断じてもよい。

そういう意味では、「授業で子どもAが、こんないい意見を言ってくれた」「Bが思いもしなかったことを書いてくれた」と、授業者はその一点だけで一人満足感にひたってばかりはいられない。それはコインの一面上での一喜一憂であって、子どもAや子どもBのこれまでとこれからの、もう一つの面とも担任自身が向き合いながら、子どもの言動（広くは「生き方」そのもの）を興味深く見つめ、見守っていくことが求められるわけだ。

「そんなのムリ」とするか、「タイヘンだ」とするか、そこをムリなく愉しもうとするのか。いずれにしても、道徳の授業上の事実と実生活上の事実のゆるやかな統合とは、子どもだけに課された宿題ではないことは確かである。

ただし、「道徳科」の評価は学習指導要領解説「特別の教科 道徳編」のなかに、次のとおり明記されている。

「評価に当たっては、特に、学習活動において児童が道徳的価値やそれらに関わる諸事象について他者の考え方や議論に触れ、自律的に思考する中で、一面的な見方から多面的・多角的な見方へと発展しているか、道徳的価値の理解を自分自身との関わりの中で深めているかといった点を重視することが重要である。このことは道徳科の目標に明記された学習活動に着目して評価を行うということである。[*9]」

「学習活動において」「学習活動に着目して」ということであるため、あくまでも授業内の学ぶ姿を対象として「見方の発展」「道徳的価値理解の深まり」を重視した評価が求められているわけであり、コインのもう一面である実生活における実践行動に関しては評価の対象外とされている。

つまりは評価をどのようにすればよいのかという問題より、まずは「道徳科」の学習活動の質が重要なのだ。子どもが授業を通して、どう学び、どのような「化学変化」を起こしたのか。そこなのだ。

要は「化学変化」が起こるような授業、「きらめき言動」が豊かに生まれるような授業を、まずは子どもとともにつくり上げていくことである。その過程と結果から「変容と成長」の事実をすくい取って、包括的に言語化していくこと。これが評価である。平たくいえば、「エエ授業をしたら、評価はあとからついてくる」ということに尽きるだろう。

＊1　小西健二郎『学級革命』牧書店、一九五五年
＊2　宮澤賢治「農民芸術概論綱要」『宮澤賢治全集』第一三巻、筑摩書房、一九九七年
＊3　コンドルセ「公教育の全般的組織についての報告と法案」『フランス革命期の公教育論』コンドルセ他著、岩波文庫、二〇〇二年
＊4　北野武『新しい道徳』幻冬舎、二〇一五年
＊5　松下良平『道徳教育はホントに道徳的か？』日本図書センター、二〇一一年
＊6　江橋照雄「誠実さとは、心の教育とは何か」光村図書HP
＊7　苫野一徳『勉強するのは何のため？』日本評論社、二〇一三年

＊8　文部省発行『道徳教育推進指導資料（指導の手引き）6』一九九七年

＊9　小学校学習指導要領解説「特別の教科 道徳編」文部科学省、二〇一七年六月

コラム⑥

「MG学習」体験者の声

「まわりの人に見られているので、ガチガチになった」

「見られているからこそ、適当ではなく、どう話し合っていけばよいか深く考えた」

「この学習方法では、仲間の意見をより集中して聴こうとして、さまざまな考えをもつことができた」


これらは「MG学習」をはじめて体験した大学四回生の率直な感想だ。

「MG学習」とは、前章のコラムでもふれたが、モデル・グループ学習の略称である。授業のなかで、一つの課題（問い）について、すべてのグループが一斉に話し合いに入る学習スタイルをよく見受ける。それの反省点から生み出した学習方法なのだ。

流れはこうだ。①一つのモデル・グループ（MG）だけが話し合いに入る。②それをほかのグループは批判的参観者として、メモを取りながらつぶさに観察。③MGによる一〇分から一五分間の話し合いが終了すると、参観者は内容面と技能面にわたって忌憚（きたん）のないコメントを発する。④それを受けてMGが返答。⑤内容面での応答が活性化するにつれて、当初の問いをめぐってMGも参観者も対等になって課題解決にむけた議論を深めていく。

この「MG学習」について方々で提案すると、教育現場や研究者の注目度が予想以上に高い。たいへんありがたいことだが、これはアクティブ・ラーニングへの関心が基底にあることの反映かもしれない。

「きょうは、本学始まって以来初の学習スタイルを導入し、みなさんにも実体験してもらいます」

大げさな前フリをして、学生に「MG学習」を初体験してもらった。

今回の課題は、ある子どもが日記帳に書いてきた深刻な相談内容について、自分が担任だったらどのように返答するかというもの。

学生に日記帳の一文を配り、赤ペンで返事を書くよう要請。約五分後、より適切な対応方法を探るため、一斉にグループ学習に入る。いつもなら、それを課してきた。

ところが、今回はここで「MG学習」を導入。「一斉グループ学習」に入るのではなく、こちらがMGを指名。突然指名されたグループの面々は、戸惑いながら教室前方に着席。四人の顔が互いに見えるように座りたいというもっともな要望を受けて、長机をV字状に移動。

参観者であるほかの学生たちには内容面と技能面に区分けした「レフェリー・シート」を配付。メモ代わりに箇条書きで記録するよう伝えた。

いよいよ「MG学習」の開始。すると、MG内の男子学生Aが進行役を買って出た。Aの意外性を目の当たりにして、冒頭から心地よい気分になった。

「だれからでもいいです。まず、日記の返事を発表してくれますか」

さりげない求めに応じて、女子学生Bが意見を表明。つづいて、女子学生Cも表明。話し合いは途切れずに進行したが、進行役は沈黙をつづけていた男子学生Dに水を向け、議論はしだいに活発化していった。

内容を子細に述べる余地はないが、学生には刺激的な場となったようだ。

「MGの自分は、まわりの参観者にも理解してもらえるように話すことが必要なため、より深く課題を追求することができた」

「MGのメンバーだけが話し合っているように見えるが、じつは観察している側のグループも意見は言えないものの、一緒に内容を深めることができた」

「他者の意見に『なるほど』『同じですが……』と呼応して、話し合いが進んでいた。そうすることによって、考えが集団的に深まることがよくわかった」

「終了後、参観者からの意見を聞いていると、自分たちMGに何が不足していたかがよくわかった」

「参観者からの指摘によって、内容がより深まった。また、友だちの新たな一面を全員が知ることができた」

もちろん残る問題点も少なくない。

「観察されていると、ほんとうに思っていることが言えないかもしれない」

「ＭＧと参観者の席の配置方法や、ＭＧの人数はどれくらいが適切なのか」

「発言が苦手な子どもは、観察されていると余計に言いにくいのではないか」

これらを含め、教室の雰囲気や集団の質をどう高めるかが重要なカギとなるだろう。また、ＭＧは刺激的な「見本」「お手本」となることが求められるため、初期段階においてはその指名方法に慎重な配慮が必要となる。

しかし、まずは「ＭＧ学習」を体験した当事者たちの声に耳を傾けることから地道に進めたいものである。あなたの教室でも、ぜひ挑戦していただきたい。

第7章　「自尊感情」と道徳性

(1) 「生を肯定できない者にあらゆる倫理は空しい」

「自立した人間として他者と共によりよく生きるための基盤となる道徳性を養う」そのためには、子どもにいったい何が必要なのか。欠かしてはならないものとは何だろう。そのことについて考えるとき、いつも頭に浮かび上がってくる卓説がある。少し長いが、ここに哲学者の永井均の文章をぜひとも紹介しておきたい。

何よりもまず自分の生を基本的に肯定していること、それがあらゆる倫理性の基盤であって、その逆ではない。（略）だから、子どもの教育において第一になすべきことは、道徳を教えることではなく、人生が楽しいということを、つまり自己の生が根源において肯定されるべきものであることを、体に覚え込ませてやることなのである。生を肯定できない者にとっては、あらゆる倫理は空しい。この優先順位を逆転させることはできない。[*1]

じつに明快である。子どもがよりよく生きるための基盤となる「道徳性」をはぐくんでいくためには、その基盤の中心部を貫く基軸として、まず何よりも子ども自身が「自分の生を基本的に肯定」できていることが最重要な前提なのだという。自分の生の基本的肯定とは、取りも直さず自己の存在の尊厳、これの「承認」ということにほかならない。

したがって、明白なことは、絶対的自尊感情と相対的自尊感情が低位のままであったり、ズタズタな状態にある子どもは、基盤となる道徳性を養おうにも、「ろくろ」のターンテーブルである基盤を支える基軸そのものが脆弱であったり、損なわれている状態といえる。これでは基盤の安定性は望めない。

つまり、そのような状態にあると、豊かな道徳性が育つ前提条件が整っていないといわざるをえないのである。

そうすると、道徳教育をいっそう強化し、子どもの内面に豊かな規範意識など道徳性をしっかり育成しなければならない、と意気込むことより先に、まず、なすべき教育課題がある、ということがおのずと明らかになってくるではないか。

いってしまえば、『どうせ自分なんて……』『しょせん私なんか……』『どうなってもいいし……』『ムリ』『もう、オワッてるし……』という状態に置かれている子ども、あるいはその子にグラデーションのように連なる子どもたちにむかって「決まりを守りなさい」「相手をキズつけるような言動はやめなさい」「正直者になりなさい」「もっと自分を大切にしなさい。そして友だちも、親も……」「もっと努力しなさい」「掃除をさぼったらダメ」「みんなが使うものを大事にしなさい」「いのちを大切にしなさい」などと、いくら口をすっぱくして教えたとしても、それは子どもの内面にまで届かないということなのだ。それらの徳目をしっかり受け止める基軸そのものが弱かったり、損なわれていたりしているからである。

「ああ、自分は生きていることに幸せを感じる。生まれてきてよかった。生きていることに喜びを感じる。人からもこのように受け入れられ、認められ、大事にされている。自分は見捨てたものじゃない。かけがえのない存在なのだ」

このように自己の存在と生きていることそのものが他者からも承認され、自らを肯定できる状態。つまり絶対的自尊感情が健全にはぐくまれ、自他の尊厳が承認できるということ。

そしてまた「自分は最後までやり遂げてうれしかったことがある（自己達成感）」「自分は失敗を恐れないで挑戦している（自己有能感）」「自分にはよいところがあると思う（自己肯定感）」「自分はやればできるもんだ（自己効力感）」「自分は人の役に立っている（自己有用感）」……など、相対的自尊感情をもはぐくんでいけること。

これらの感情が自尊意識となり、その総和が少しずつ少しずつ自分のなかに蓄積されていくことにともなって、自他の尊厳、つまりは人権の尊重という基軸が安定し、「ろくろ」に例えるなら、この基軸の上部に位置するターンテーブル（基盤）、すなわち子どもの「倫理性を培う基盤」も着実に形成されていくと考えることができる。

命は大切だ　命を大切に
そんなこと何千何万回言われるより
「あなたが大切だ」
誰かがそう言ってくれたら
それだけで生きていける

（AC公共広告機構）

そのとおりである。たとえば「生命の尊さ」という内容項目（基盤となる道徳性）について何千何万回教えられるよりも、「あなたが大切だ」と言われることによって形成されていく頑丈な基軸。それが重要なのだ。この中心的な基軸があってこそ「生命の尊さ」などの価値を含んだ基盤が安定的に備わっていくのです、ということをこのCMは見事に示唆している。

すなわち、自他の存在と生きていることの尊厳、人権の尊重を認識できる豊かな学び。自尊感情をはぐくむ「人権としての教育」、そして反差別の「人権についての教育」という基軸づくりが、何よりも重要な教育課題なのだととらえることができるわけである。

詩の三行目の「　」部分を空白にして、一人ひとりの子どもに「どのようなことを言ってもらえると、それだけで生きる元気が出るだろう」と、問うてみてはどうだろう。気になっている子どもが、さて、どのようなフレーズを書くのか、とても興味深い。

(2) 保護者懇談会の学習材として使える

「どうとくは、たのしく生きるためのおべんきょうや」

小さな一年生が大きく言い切った、このことばの意味は深い。たのしく生きるためのおべんきょうとは、「道徳科」の学びの場においても、その時間ならではの内容で一人ひとりの子どもの自尊感情がはぐくまれ、自他の生が肯定されていくことをひたすら願うことばだと理解することができる。

一年生の子どもの「どうとく」への期待を成就するためにも、まず「自分は大事にされている」「生まれてきてよかった」ということを一つより二つ、二つより三つと、豊かに感得できる生活経験や学習体験をどう積み上げていけるのか。現代政治も学校教育も、そこが強く問われており、大きく求められているところなのだ。まさに「優先順位」を正しい位置に整え直すことが、いまもっとも大切なことなのである。

また、「道徳性を養う」ということについて大切にしなければならないのは、いったい「養う主体」はだれなのかということである。

この点について、村井実は次のように述べている。

「教育において大切なのは、外からの目標とそれを実現する外からの方法ではなくて、内からつくりだす目標と、それを内から実現する方法であり、私たちの教育活動というのは、その内的な過程に対する外からの働きかけにすぎない。[*2]」

とくに、内面の形成や価値観に深くかかわる道徳教育においては、道徳性を養う主体は子ども本人であり、私たちが学習や指導という名のもとになそうとする営みは、あくまでも「外からの働きかけ」にすぎないと村井はいう。

そこで思い出されるのが、東井義雄（とういよしお）の「自分は自分の主人公」という詩である。

自分は　自分の　主人公
世界でただ一人の自分を
光いっぱいの自分にしていく　責任者

この詩も、いつか道徳の授業で子どもと読んで、いまの生活をふり返る手掛かりにしたいものだ。

自分は自分のすべてにわたる正真正銘唯一の当事者なのだ。それをすっかりわすれてか、ぶしつけにも踏み込んでくる無礼な侵入者はいないか。もし、いるなら「立ち入り禁止」の立て看板と鉄条網を用意し、断じて排除しなければならないということでもある。

村井の指摘、そして東井の詩を読んでいて、どうしても取り出したくなるのがサトウサンペイの漫画である。

「外からの働きかけ」が適切でなかったなら、あるいはそれが過剰になってしまうと、「養う主体」であるはずの子どもはどのように育つのか。

次の四コマ漫画『フジ三太郎』が、もののみごとに描き出している。

この漫画は内容項目でいえば、小学校高学年なら［礼儀］「時と場をわきまえて、礼儀正しく真心をもって接すること」について考えるものだ。

フジ三太郎
サトウサンペイ

ウチではしつけをきびしくしてますの

お父さまおやすみなさい

お母さまおやすみなさい

（朝日新聞1989年10月15日朝刊）

起承転結の「結」の部分の吹き出しを、あえて空白にしているが、それは教材化するためである。さて、客人である「フジ三太郎」は、ここでどのようなことをつぶやいたと思うか。ぜひ、せりふを想像して、吹き出し部分に記入していただきたい。これで一時間の授業が組めるではないか。子どもたちに「推察」してもらうとおもしろい。また、保護者懇談会でアイスブレーキングの小ネタとして使うこともできる。これを入り口に、子どもの道徳、しつけ問題について対話が弾むことを期待したい。

「しつけが行き届いた家庭ですね」から「まるでロボットみたい」まで、さまざまなせりふが書かれるにちがいない。

原作者は「結」の四コマ目を次のように書いている。

「客には言わんのですか」

痛烈なアイロニーだ。強い警告でもある。道徳性を「養う主体」が子ども自身ではなく、外なる他者が取って代わってしまうと、ここに描かれているような悲しい事態を生み出してしまうのだ。

(3)「現状維持的道徳性」と「未来創造的道徳性」

良しとしておこなっているつもりの「しつけ」も、外からの働きかけが過ぎると、「しつけ」の上に「お」がついて、「おしつけ」となってしまう。

その結果、言われたとおりのことはするものの、お客に対しては道徳性に欠ける無礼な、しかも、そのことに無自覚な子どもが育ってしまう。これは何も「礼儀」に限ったことではないだろう。すべての内容項目に通じることである。

人権は、生まれながらにして個人の「内側にあるもの」であって、これの尊厳・尊重について「知識的側面」「価値的・態度的側面」「技能的側面」[*3]から、具体的に実践的に学ぶことが人権教育なのだ。

それに対して、道徳(内容項目)は「外側にあるもの」を、個人の内側に入れ込もうとする強い「意図」が外部から働きやすい教育といえる。「外からの働きかけ」が過ぎると、この漫画のような事態を生んでしまう。それはもはや教育とはいいがたく、まさに対極のものとなってしまうのである。

学習指導要領のなかの道徳教育の目標について再度、着目しておこう。

「自立した人間として他者と共によりよく生きるための基盤となる道徳性を養うこと」

ここで「よりよく生きるための基盤となる道徳性」ということに注目したい。単に「よく生きるための基盤」ではなく「よりよく生きるための基盤としての道徳性」なのだ。

この表現には、現状の社会にある道徳的な慣習を身につけることをベースとしながら、これらの習得やそれの維持だけに終始するのではなく、それを越え出ようとする主体的で前向きな生き方をめざすという道徳的価値を読み取ることができる。

ここにいう「越え出る」ための重要な原動力として、先に記した「人権の視点」を位置づけたいものである。この点を、さらに一歩踏み込んでとらえるなら、いまとこれからを「よりよく生きるための基盤となる道徳性」にも二つの考え方があるだろう。

一つは、既存の道徳性を守旧的にとらえて、それを子どもに万全なまで身につけさせ、その実践化をめざすことを求める考え方である。これの典型が「フジ三太郎」の先ほどの漫画に通じる。

もう一つは、絶対的で普遍的な道徳性など明確なものはありえず、善悪の判断のもとに「特定の道徳的慣習をつねに越え出る努力をするところに道徳的人間が実現する」[4]という考え方である。この考え方に立って、子どもの道徳性をはぐくむために「外からの働きかけ」を適切におこなっていこうとするものである。

前者を「現状維持的道徳性」、そして後者を「現状改革的道徳性」いや「未来創造的道徳性」と呼ぶことがふさわしいだろう。

学習指導要領においては「(単に)生きるための基盤としての道徳性」ではなく、「(さらに)よりよく生きるための基盤としての道徳性」(( )内は筆者)を養うことがめざされている。これは後者の「未来創造的道徳性」をはぐくむことの重要性が明示されていると読み取りたいものである。

＊１　永井均『これがニーチェだ』講談社現代新書、一九九八年
＊２　村井実『道徳は教えられるか』現代教育１０１選13、国土社、一九九〇年
＊３　人権教育の指導方法等に関する調査研究会議「人権教育の指導方法等の在り方について［第三次とりまとめ］」二〇〇八年三月
＊４　村井実『道徳は教えられるか』現代教育１０１選13、国土社、一九九〇年

コラム⑦

いま一度、拓也に会いたい

「ソノダさん。学校を離れると、現場感覚はすぐになくなりますよ」

小学校の現場を離れて久しいが、恩師の一言がいまも耳から離れない。

現場感覚を喪失すること。これは自分にとって、もっとも恐れていることの一つだ。そのため授業を観せてもらえる機会があると、悦(よろこ)んで馳(は)せ参じる。

過日は教職四年目という若手教師の授業を参観した。子どもは五年生。一人の障がい者の生き方をテーマにしたものだった。

まだクラスが始まってわずかなのに、担任の声が子どもによく届き、子どもも受信するだけではなく、鋭い応答ができる。これは授業というコミュニケーションの前提が、教師側に確立されているからだろう。担任はクセのない語り口。声の出し方も実に抑制が効いている。だから当の子どもたちは、一言ももらすまいという姿勢で聴く。

過不足のない語り。これも教師に求められる。同じことばを二度も三度もくり返したり、子どもの意見を機械的に復唱する姿をよく見かける。

とくに、待てない教師は沈黙という大切な「間」を受け入れることができず、不要な二言三言をはさんでしまう。

これらはサービス精神でも何でもない。単に子どもの思考、そしてイメージ化の作業を邪魔しているだけである。

「この時期に、これだけ子どもと教師の関係性ができ上がっていることはすばらしいと思います」

そう感想を述べて、今後の課題を一点だけ申し添えた。

「次は、子ども同士の応答をどう組織していくかですね」

彼女は聡明な笑顔でうなずいた。

現場感覚を失わないために、もう一つ心がけていることがある。それは実践記録を少しでも多く読むということ。

先日、豊田ひさきさんから『東井義雄の授業づくり──生活綴方的教育方法とＥＳＤ』（風媒社）という新著が送られてきた。

東井の実践については小西健二郎と同様に強い関心をもっているため、すぐさま拝読。二人とも兵庫の出身。二〇世紀の偉大な綴方教師である。「クレパスのねだん」*という二年生の綴方は圧巻中の圧巻だ。拙著のなかでも紹介したことがあるが、何度読んでもうなってしまう。

そして独り思うのだ。ああ、自分の現場感覚はまだ大丈夫……、と。

昨日は、私自身が小学校教員最後に担任した一年生について書いたものを何気なく読み返していた。いまは廃刊となった月刊誌『解放教育』（明治図書）に寄せた連載稿だ。そのなかに拓也の作文を見つけ、しばらくうっとりしてしまった。

せんせいあのね
ぼくのおとうさんは　ぼくがちっちゃいとき
いつもぼくをあそんでくれました
でも　ぼくが二さいのとき　おとうさんは　しんだ
ぼくはもっとあそんでほしかったのに　しんでしまった
サッカーやドッジややきゅうやキャッチボールやたかいたかいをしてほしいです
でも　なぜしんでしまったのか
なぜ　びょうきでしんでしまったのか
一かいでもいいから　おとうさんとごはんをいっしょにたべたいです
いっしょにあそびたいです

「ふだんはそのような内面をいっさい見せず、快活で、頼もしくて、笑顔がよくて、頼りがいがあって、仲間の面倒見がよくて、俊敏で、イケメンの拓也だった。そんな拓也がこのような作文を書いてくると、抱きしめたくなる」

拙稿では、かくも心情を吐露しつつ、もう一点、拓也の作文を紹介している。

せんせいあのね
ぼくのたからものは　いのちです
いのちがなければ　こころもなくなるし
一ねん一くみのみんなにあえなくなるからです
だから　ぼくはいつもじてん車にのるときは　きをつけています

拓也は母親そして妹と、小さな借家でつつましやかに暮らしていた。その拓也と先月、一四年ぶりに同窓会で再会した。黒縁のメガネがよく似合う大学生になっていた。

いま一度、拓也に会いたい。無性にそんな衝動に駆られている。この作文を二人で語りながら食事がしたいのだ。

自分も同じ境遇に育ったからかもしれない。

＊　東井義雄『村を育てる学力』所収、明治図書、一九七四年

クレパスのねだん　二ねん　岩本成明

きょう、クレパスをかいにいきました。ぼくは、十二色で三十一えんのを買いました。かったら、早くかいてみたくなりました。それで、いそいでかえりました。

かえる道で、ふと、一本のクレパスはなんえんだろう、とおもいました。一本一えんなら、十二本では十二えんにならんならんので、こんどは二えんかとおもいました。二えんなら二十四えんになるからちがいます。そんなら三えんかとおもいました。三えんなら、三十六えんになってしまいます。ぼくは二えん五十せんかもしれんとおもって、考えました。二えんが十二で二十四えん、一えんが十二で十二えんだから、五十せんだったら、そのはんぶんで六えんです。それで、一本二えん五十せんとすると、二十四えんと六えんで、三十えんです。ぼくのクレパスは三十一えんだから、まだ一えんあまります。ぼくはこまりました。それで、一えんは、はこだいだと考えました。

第8章　すべての学びの土台は「学級・集団づくり」

(1) 子どもは「こいびと」を求めている

子どもは「居心地のよい教室」を願っている。口には出さなくても、それを深く求めている。毎日毎日、そこに身を置いて生活しているのだから当然である。

現に居心地の悪さというものを実感している子ども、また、これまでに教室で辛酸をなめた経験のある子どもほど、居心地のよい教室を切望している。

だが、居心地のよい教室とは、単にスペースの問題ではない。天井や側壁が少々汚れていようが、床板が古ぼけていようが、子どもにとってそこが居心地のよい、愛着をいだく教室となるケースはいくらでもある。

では、具体的にそれはどのような教室の姿なのか。

「不必要に気を使うことのいらない教室」

「自分を必要としてくれる人がいる教室」
「本音で語り合うことができる教室」
「思いやりがあって楽しい教室」
「いじめや差別など、まったくない教室」

まだまだあるだろう。子どもたち一人ひとりに聴けば、その子どもならではの願いが吐露されるにちがいない。しかし、共通するのは、その教室の空気感・雰囲気。これらを醸し出す「よき仲間」の存在である。

「居心地のよい教室」とは、居場所としての教室ととらえることができる。だが、それは「場所（スペース）」の問題ではなく、何よりも「人」の存在が重要なのである。では、どのような人の存在が重要かといえば、子どもにとっては「自分を認めてくれる人」「自分の話を聴いてくれる人」に尽きる。つまり、承認願望と表現願望を満たしてくれる人である。

したがって、子どもは「居場所」を求めているのではなく、あえていうなら「居人（いびと）」を強く求めているのだ。ところが、「居人」などということばは日本語にない。されど、子どもはひとえにそれを求めている。そこで、このことばを強引に日本語化するために「居人」の二文字の上に「固」を冠してみよう。「固居人（こいびと）」。これなら親しみ深いことばになるではないか。

固有の居人。つまり心許せる、かけがえのない「こいびと」に包まれて、毎日を安心してたのしくくらすことのできる自分。どの子どももそれを強く求めているはずだ。

そのような「こいびと」が一人より二人、二人より三人……、と居てくれる場所が、結果として子どもにとって「居心地のよい教室」となるのである。

では、このような教室はどうすれば実現できるのだろう。子どもたちはしばしばそれを新学期の組替えに命運を託して、当たり外れの問題と考えがちだ。が、そうではない。このような教室を自覚的にどうつくっていくかが問題なのである。

学級づくり・集団づくり・仲間づくり・「こいびと」づくりという仕事がそれなのだ。

(2)「ルールづくり」より「レールづくり」

そこで、まず大切にしたいことは、「居心地のよい教室」とは、具体的にどのような教室なのか。当事者である子どもに問うてみることだ。

いきなり即答を求められても戸惑う子どもがいるだろう。「別に」「どうでもよい」「意味ないし」と、自己放棄しているように見える子どももいる。学級づくりという課題にまったくの無関心を装う層も存在するだろう。

しかし、「居心地のよい教室」を切実に求めている子どもは間違いなくいる。それを放棄しているかのような子どものなかにも、事情や背景を抱え持つ者がいるはずだ。そこに光を当てることが肝心であり、はじめから全員に模範解答を期待しなくてもよいではないか。

「一行でもよいので、自分が思う『居心地のよい教室とは』ということについて書いてほしい。それをめざして、みんなとよりよい学級・学年をつくっていきたい」

そのように伝えて「黄金の三日間」といわれる始業式からの三日間、あるいは「黄金週間明け」から五月後半までに、書く時間を設けて、子どもたちに問うてみたい。むしろ、五月の時期に問うほうが、学級のスタートからひと月を経ているために現実的な願いが書かれることも多い。また、次の学期はじめにも問うてはどうだろう。

「このクラス、けっこう気に入っている。男女の仲もいいし、いまのままがよい」

「先生が話しやすい雰囲気なので、とくに注文はない」

「一部の人がいつもグループになっているのが気になる」

一人一行の願いや思いをすべて黒板に書き並べてみる。それだけでも「共視」といわれる重要な意味がある。他者の願いや思いをまず知ること。それを整理していく作業を通じて、内容理解はいっそう進むことになる。ただし、作業過程で刈り込みすぎて、見栄えのよい盆栽のようになってしまうことだけは避けたい。

「世界に一つしかない本気の学級をつくろう」と告げて、ユニークな表現やドキッとする指摘をこそ尊重し、かつまただれもが納得のいく「子ども発の学級目標」を定めたいものである。

いうまでもなく、集団づくりに成員の共有物は欠かせない。その一つが「学級目標」である。学級目標とはみんなでつくる学級の方向性であり、細かなルールやきまりではない。「ルールづくり」より「レールづくり」を優先させたいものだ。

（３）問題解決の糸口は子どもがつかんでいる

学級という名の電車のめざす方向性。それと同時に必要なのが、電車が進行をつづけるための動力源である。レールだけ敷いても、そこに電車が走らなければたちまち廃線と化してしまう。したがって、目標達成のための方法というものを子どもたちが共有すること。それが次に求められる原動力となるものだ。

ここに四年生Ａが書いた貴重な願いがある。

「ケンカしたりもめたりしないで、もっとクラスのみんなとなかよしになりたいです。でも、どうすればよいのか、わかりません」

願いがじつに素直に書かれている。担任との関係の良好さの現れだろう。子どもは本来的に平和主義者だ。そう思い知らされる文章でもある。このような願いを絶対あきらめさせてはならない。消滅させてはいけない。

この願いは、おそらくその子ども一人だけがいだいているものではない。サイレント・マジョリティの願いでもあるはずだ。

では、何をなすべきか。担任が赤ペンでていねいに返事を書いて終わらせてはいけない。時間をとって、本人からみんなに伝える機会を設けるべきだ。本人がそれを拒むなら、別の子どもにも綴ったものを読んでもらう。それも無理なら、本人の許しを得て担任が代読するもよし。

とにかく「主体的・対話的で深い学び」の実現へといざなう絶好の場である。どの時間を使えばよいのか。それは特別活動でも「道徳科」でもOKだ。検定教科書をしのぐ最適の生きた学習材がここにある。

Aさんは「どうすればよいのか、わかりません」と悩んでいる。

「みんなは、どうすればよいと思う?」

学級のみんなにむかって、担任はそれを問うてみる。ここが重要である。担任が意気込みすぎて、自分の考えを述べることは差し控えたい。Aさんの悲願である「ケンカしたりもめたりしないクラス」ということについて、子どもたちが過去の悲喜こもごもの体験をふり返りながら本音で意見を交わす。そのうえで、具体的にどうすればよいのか。方法について、さまざまに知恵をしぼる。そこでしぼり出されてくる知恵が、レールの上を走る電車の原動力になるのだ。

同じクラスの四年生Bは、次のようなことを書いている。

「みんなも友だちのことを決めつけてみるんじゃなくて、もっとしゃべったりすればいいと思います。もっと、みんなといっしょに遊びたいし、先生ともいっしょに遊びたいなあ」

ここには問題解決のための知恵と方法が提示されている。当事者である子どもが、もっとも具体的に考えており、解決の糸口を与えてくれる。

「決めつけ」がもめごとの原因だという指摘は、Bさんの生活実感であり、的確なものにちがいない。それを克服して、Aさんも願う「ケンカしたりもめたりしないクラス」をめざすために、二つの方法を提案している。

「もっとしゃべること」

「もっとみんなと遊ぶこと」

コミュニケーションに不足や偏りがある、とBさんはつねづね感じているのだろう。もう一つは「遊びの不足」だという。

Bさんに発言を求めること。それを事前に頼んでおくことも「善良な根回し」として担任の必要な仕事である。Bさんの分析内容と問題解決の方法について「考え、議論する」こと。そして、遊びの機会が増えれば、コミュニケーション不足もおのずと解決に向かうということを子どもたちは気づくはずである。

（４）子どもがつながる学級に必要なモノ

では、だれもが夢中になってしまうような、さまざまな遊びや活動。それを持続的に展開するにはどうすればよいのか。ここにまた新たな問いが生まれる。

しかし、これも子どもに問えば、知恵をしぼり、多彩なアイデアを提供してくれるにちがいない。その際、必要に応じて側面から「よその学校では」「他のクラスでは」と、有効な情報提供を担任は惜しまないことである。

「ヒマワリ三〇〇〇本を咲かせた学級がある」

「納豆づくりにかこつけて、教室に畳とホームごたつを持ち込んだ学級がある」

「『学習塾』を教室で開いて、全員の学力アップをめざした子どもたちがいる」

「学習プリントや『もぎテスト』を自分たちで作成。実力アップに努めた子どもたちがいる。担任も半強制的に受験生の一員にさせられる」

「校区の歴史や問題点を調べ上げて、本にした子どもたちがいる」

「『なるべく日刊ニュース』という学級新聞を発行しつづけた子どもたちがいる。二学期は『新・なるべく日刊ニュース』、三学期は『最新・なるべく日刊ニュース』と改名し、校区の独居老人宅にも配布する活動をした」

「ある『いじめ事件』をきっかけに『大口スッキリ記念日』という学級記念日を制定した子どもたちがいる」（大口：みんなが声を上げて、いじめはノーと口をそろえる意味）

「全国の漁協に質問の手紙を出すと、思わぬプレゼントがつぎつぎに届いて大感激した子どもたちがいる」

このような学級文化活動を、はじめて経験した子どもたちの感想を次に紹介したい。

——これまでのクラスでは「活動」なんてやっていなくて、休み時間になると三、四人で集まって自分の好きなことばかりやっていた。

たとえば、絵を描いたりトランプをやったり……。だから、遊ぶ相手はいつも同じ人ばっかりだった。今のクラスになって、私は友だちがすごくふえたと思う。「活動」がいそがしかったおかげで、あまりしゃべらなかった人ともよくしゃべるようになったし、今では男子ともよくしゃべる。

――新聞などが出て、終わりの会が楽しみになった。自分の好きな仕事ができて、クラスのために働けるようになった。なんだかクラスが見ちがえるように明るくなった。

――私は今まで、いつも同じ人としか遊んでいなかった。「決まった人と遊ぶ」というのがふつうだった。でも、「活動」を始めてからは、教室にほとんどの人が集まっているから、班の人とも男子女子とも遊んだり、しゃべったりできて、「この人はこんな人だったんだー」と、人のよい所悪い所がよくわかってきた。今までなら、遊ぶときも話すときも、決まった人がリーダーを取って、一人でしゃべって、なにごとも決めてしまう。すると、意見も何も言わないで、リーダーの言うとおりになる人と、リーダーになる人の二つに分かれる。でも、いまはみんながいろいろ意見を言えるようになってきている。ふだん、あまりしゃべらない人も、よくしゃべるようになった。

子どもたちによる能動的な学級文化活動は、火がつくと教室のなかだけにとどまらない。「学級でどんなことをやりたいか」という問いから始まる文化活動が、創造的な自治活動に発展していくと、教室や学校の壁を越えて、教科書では学べないダイナミックな社会的学びへと高まってしまう。何より「個の自律性と集団の自治力」が育つ重要な活動である。近年、「会社活動」と称して、係活動を展開している学級や学年もあるようだが、多くは同好会的な「プチごっこ遊び」に終始しており、スケールの弱体化がまことに残念である。

子どもがつながるためには、何が必要なのか。

「子どもがつながる学級」ということが、近年よくいわれる。それは子どもがバラバラで、つながらない現実があまりにも多いからだろう。では、「子どもがつながる学級」をつくるにはいったいどうすればよいのか。

答えは簡単である。じつは「バラバラ状態の大豆」と「銀の糸引く納豆」の決定的な違いは、納豆菌の有り無しなのだ。ここに一大ヒントがあるではないか。

つまり、納豆菌が一粒一粒の大豆をつなぐ重要な役割を果たしているわけである。子どもがつながるためにも「つなぎ」が必要なわけであり、子どもがつながらないのは「つなぎ」がないからなのだ。したがって「つなぎ」=「ボンド」の有用性に着目すべきなのである。

では、学級づくりにおいて「ボンド」とはどのようなものが考えられるのか。ここで「三大ボンド」についてあらためて整理しておこう。

1　ひとボンド（ヒューマン・ボンド）

担任あるいは教室の子ども自体が「ボンド」役になる場合である。たとえば、ギターの得意な先生が「じゃあ、歌おうか」と、毎朝ギターに合わせて子どもと一曲熱唱。そして気分爽快に授業に入る。あるいは、先生が大粒の涙を流しながら、子どもに語る姿というのも強烈な「ひとボンド」である。[*1] また、特別なニーズをもつ子どもの存在が、教室の仲間意識を高めていった実践がしばしば報告されるが、それらの事例もこれに該当する。

2　文化ボンド（カルチャー・ボンド）

これは次のとおり五つあげることができる。

①ゲーム・遊び

「バースデー・チェーン」などの参加型ゲームや、流行中の諸エクササイズはいつでも・どこでも・だれでもできるお手軽インスタント・ボンドである。また、大縄跳びやドッジボールやカルタ遊びなども、工夫すれば有効な文化ボンドとなりうる。

②事件・出来事

教室で発生するさまざまなトラブルは、文化ボンドである。たとえば「クツが隠された」「授業中に不規則発言が……」などなど、頭を抱えたくなる心ない事件・出来事は、じつは集団の質が高まるためのボンドと理解したい。それらはピンチ発生ではなく「チャンス到来」ととらえ、このインシデントを通じて子どもたちに何を学んでもらおうか、という一念で構想力豊かに向き合うべきなのである。もちろん、痛快な明るい出来事の発生も文化ボンドにほかならない。ただし、取り返しのつかない事件・出来事は別である。

③学校行事

運動会、文化祭、コーラス・コンクール、修学旅行、卒業式などの行事は、例年どおり無難にこなすためにあるのではない。非日常的な絶好の文化ボンドなのである。ふだん遠い関係にある子どもAと子どもZ、あるいは女子と男子がつながるための「公的しかけ」＝パブリック・ボンドが行事である。

とくに、卒業式や終業式・修了式は終着点であるため、それらのゴールをめざして仲間とともに、何に力を注ぎ、何を成就するのか。フル活用できる文化ボンドとしてとらえたい。

④学級文化活動

クラスで山羊(やぎ)かアヒルを一匹飼えば、それがたちまち強力ボンドとなる。子どものチマチマした人間関係など一気に再編成されてしまい、いじめがじつにくだらないことであり、それにエネルギーを浪費していた自分たちを大いに悔やむはずだ。空き地を大根畑か蕎麦(そば)畑か干(かん)ぴょう畑に開墾するもよし。もちろん収穫物は販売ルートに乗せる。また、子どもの総意で新聞社や出版社、廃品回収会社や悩み解決塾が立ち上がってくると、既存のプチ係活動などとは比較にならないダイナミックな生産的創造的学級文化活動が展開される。単なる係ではなくプロジェクトの組織化が活動の鍵となるが、わけても子ども新聞社の挑発的発信力が他のプロジェクトを活性化させる重要な役割を果たしてくれる。これらのビッグ・プロジェクト（BP）活動が推進されると、いまや「立ち枯れ状態」といわれている総合的な学習が、子どもたちの手によって息を吹き返す日は近いだろう。また、「学力」源である「学欲」がみなぎり、集団的自尊感情が高揚することも副産物として期待できるのが、この高質文化ボンドとしての自治的な学級文化活動である。*2

教師が発行する一枚の学級新聞が、子どもをつなぐ見事なボンドとなっている実践もある。また、「生活ノート」「日記帳」「班ノート」なども、教室の貴重な文化ボンドの類といえる。

⑤授　業

授業は究極の文化ボンドである。自治的な学級文化活動は、学習指導要領にも明示されていないため「ウラ文化」といわれてきた。ところが、「オモテ文化」である授業は、学校時間の大半を占めるものだ。授業がボンド機能を果たさないかぎり、子どもはいっそうバラバラに分断されてしまうことは必至であり、それが取りも直さず学力格差をいっそう助長することは明白である。ところが、授業で子どもをつなぎ、子どもがつながるはずなのに、それとは裏腹なことが現実に進行している場合がある。たとえば、教師が一方的に解説するばかりで、子どもが相互に意見を交わし合う余地のない授業（流れ星型授業）。子どもの発言機会があっても、それが子どもA対教師、子どもB対教師というように、閉ざされた一対一の応答に終始している授業（扇型授業）。教師が「ほかにありませんか」「ハイ、ほかに」と、子どもと子どもの関係性を容赦なく断ち切ってしまうことば＝切断語を頻繁に発する授業（ハサミ型授業）。これらは、使用教材自体が子どもと子どもをつなぐ有効な文化ボンドとなる可能性を内包していたとしても、それをも切り裂いてしまう授業であり、早急な改善が求められるところである。*3

もちろん、めざすべきは「ダイヤモンド型授業」である。*4

3　第三のボンド

それは「つらいことの共有」である。クラスメイトが「ほんとうの仲間」といえる間柄になるためには、「あの子もそうだったのか……。自分と同じやんか」と、認識を新たにする場と機会が重要である。とくに、距離を感じていた子どもと子どもが、互いの「つらいことの共有」化を図れたとき、両者の関係性は大きく変わる。それは「つらいことの共有」という事実が両者を結ぶ最強のボンドになったからである。四年生の国語教材『ごんぎつね』に、次のようなせりふがある。

「おれと同じ、ひとりぼっちの兵十か」

いたずらぎつねのごんが、母親を亡くした兵十の後ろ姿を見つめながら、しみじみとつぶやく場面だ。これは「第三のボンド」の象徴的なフレーズといえるが、現実の子ども社会においても十分ありうる場面としてとらえておきたい。

以上、ボンドについて概要を述べてきたが、重要なことは眼前の子どもと熟議し、まずはこの学期にどのボンドをみんなで使おうか、と方針を民主主義のルールにのっとって決定することである。

「学級づくり」をおこなうためには方法論が欠かせない。だが、それは班づくりや係を決めて終わりではない。諸エクササイズばかりを多用して済むものでもない。また、問題が起きてから、事後の話し合いずくめという路線だけが「学級づくり」でもない。

「学級づくり」には持続的かつ多様な方法論が求められるところだが、じつはここに述べた三大ボンドそのものが方法論上の糸口でもある。それらをバランスよく、子どもと有効に活用されんことをこころから願ってやまない。

(5)「文化ボンド」が生きる学級活動

何ごとも持続可能たらしめるには、システムをつくることが妥当である。「文化ボンド」の一つ「学級文化活動」を専門的に担う「ＢＰ」（ビッグ・プロジェクト）を立ち上げることだ。これは今日「会社活動」と呼ばれているスマートで軽い係活動とは似て非なるもので、質も規模も大きく異なる「プロジェクト活動」を展開する。

あるいは既存の班が仮に六つあるなら、交代で「学級文化活動」の企画実行の事務局を担うのもよい。しかし、学級組織と学級活動の活性化を図るには「ＢＰ」方式で、遊び・栽培・飼育・新聞・学力アップ・大工・悩み相談など、生産的創造的で自治的で痛快な「学級文化活動」の柱をまず決定し、それぞれ専門的に担う「ＢＰ」を組織することを推奨したい。

これらの学級活動が活性化しているクラスは、それが子どもをつなぐ痛快な「文化ボンド」になって、前向きで友好的な子どもと集団の姿がきらめく。しかし、そうでないクラスでは、エネルギーを持て余した子どもたちが、めあてを失い、内向き志向になって、狭い人間関係の網のなかで大小さまざまなトラブルを引き起こしがちである。エネルギーの無駄な消費の日々に明け暮れざるをえないからだ。この事態はいじめの温床にもなってしまうため、深刻である。システムをつくり、子どもと組織的計画的に「居心地のよい教室」化をめざす。その方法としては、生産的創造的で自治的で痛快な「文化ボンド」が生きる学級文化活動に力を注ぐ。

むろん、授業も超窮屈なシステムのなかで展開されていることに違いはない。だが、このメイン・カルチャーの展開中に、だれもが予期しない感動場面に出くわすことがしばしばある。授業という学力形成を主たる目的とする場で、人権としての学びを子どもと集団が体験するという事実がそれである。

次にその一例を紹介しよう。

（6）授業のなかでも「学級づくり」

ある算数の時間のこと。

「できた？」と、担任がみんなにたずねた。すると、男子Cが声を上げた。

「待ってください！」

切実感が伝わってくる声だ。Cはすでに出された問題をやり終えている。ところが、すぐ後ろの女子Dは消しゴムで何度も消しながら、必死になって苦闘中。そのとき担任の「できた？」という声が飛んできたため、Cが声をあげたのだ。

「待ってあげてください！」ではなく「待ってください！」と。

Cは「自分のこと」として、彼女の情況を引き受けていたのだ。彼女は声をあげる余裕さえない様子だった。

一瞬のことだったが、すぐそばで事の成り行きを見ていた私は感心した。感動した。

彼女はCの一声にどれだけ救われたことか。同時に、Cの訴えを受け容れ、何一つ不平を言わず彼女を待つ教室の仲間たち。しかも、Cがためらわず、無心に彼女をフォローできる空気がその教室にはあった。

個としてのCの言動にあっぱれ！　そして、このクラス集団にもあっぱれ！

事の大小にかかわらず、あっぱれ！という賛辞を当の子どもCに発するとき、同時にCを取り巻く集団全体にも目を向けるべきである。その集団の質とは無縁のところで、個のあっぱれというものはなかなか生起しがたいものだ。

なぜなら、この学級が大豆のようにバラバラで、男女の仲もよくなかったなら、子どもCは「待ってください！」発言をしなかったのではないか。もし、発言をしたら授業が終わったあとで、ほかの男子群から「お前、どうして女子Dをかばうん？　Dがスキなんか。いいかっこするな」などのイヤミを言われないとも限らない。

子どもCは、そのような心配がまったくいらない安心できる教室だから、あのような発言ができたのだ。個とその集団はつねに随伴の関係にある。

「Cさんに、大あっぱれ！　拍手！」

そう促すと同時に、わすれてならないのがこれだ。

「みんなにも、大あっぱれ！　あきらめないで最後までやり抜いたDさんにも大あっぱれ！このクラスに大あっぱれ！　大拍手！」

自然に、そのように称賛したくなる。

「このクラスは間違いなく進化している。またまた、このクラスが好きになってしまった」

担任は照れることなく、本気で、率直な気持ちを伝えたいものだ。

これを整理するなら、次のとおりである。

第一は、子どもの「きらめき言動」を漏らさずキャッチする。

第二は、それを価値づける。

第三は、すかさず臆さず、それを教室の全員にむかってアナウンスする。

この三つの流れは「学級・集団づくり」を意識するしないにかかわらず、実感表現として欠かすわけにいかない。

時間に余裕のない現場だ。結果的に、子どもたちが気分よくなってくれれば幸いである。しかし、時間を惜しむと破綻する。こだわるべきときに、多少の時間を割いてでもこちらからプラス・メッセージを発し、子どもたちと対話を深めることだ。思い切って時間をかけた分だけ見返りも大きい。その逆の場合は、しばしば取り返しのつかないリスクを背負ってしまう。

「居心地のよい教室」づくりは、一人ひとりが自分のありのままの姿をひらき出すための大切な営みである。だが、これは決して遠い目標ではない。じつは、目の前の教室のなか、子どもと子どもの生活のただなかに、小さな事実として「きらめき言動」は芽生えている。しかも、これは瞬時に消えてしまう。だからこそ、つねにアンテナを立ててこの事実をキャッチし、三つの流れで事実の共有化を重ねていくことが求められるのだ。

まずは、子どもの「きらめき言動」を一つでも多く共感的にキャッチすること。その一点から土台づくりに歩み出したいものである。

＊１　拙著『自尊感情が育つ元気教室』解放出版社、二〇一六年

＊2　拙著『園田雅春流 学級リフレッシュ術』明治図書、一九九五年
＊3　拙著『自尊感情を高める学級づくりと授業』雲母書房、二〇一三年
＊4　拙著『自尊感情が育つ元気教室』解放出版社、二〇一六年

（第8章は『部落解放』二〇一七年六月号掲載の拙稿「すべての学びの土台は『学級・集団づくり』」に加筆した）

コラム⑧

その子にフィットする「ジャンプ台」

学校のそばを通るとき、フェンス越しに思わず目をやるのが学級園。学習園とも呼ばれる校内の畑だ。

授業研究会などで校舎のなかを歩くときも、窓越しについつい学級園を探してしまう。

学校によっては、本格的な農園が整備されていて、野菜が立派に育っている。子どもが育てた野菜を、給食用の食材に利用している学校もあるそうだが、そのようなケースは稀(まれ)なこと。手狭な土地に、トマト・トウモロコシなどが、ささやかに植えられているのはよく見かける。なかには、雑草が生い茂る休耕畑と化してしまっている学校もある。

学級園の姿から、その学校が何に力を注いでいるかが、透けて見えるように思う。

「最近、元気者ががんばりだしましてねー」

校長さん、そして生徒指導担当者の顔がほころんだ。元気者とは、その中学校のまさに元気者。授業には参加せず、教室を飛び出してしまう生徒たちのことだ。

学校の前の空き地を掘り起こして、畑を作ることにしたそうだ。地域のお年寄りたちの手も借りて、教室三つ分ほどの学習園が完成した。

そのとき、生徒たちのなかでもいちばんがんばって土地を耕したのが、元気者たちだった。夏野菜の苗の植え付けから、日常の水やり、雑草引きなどの作業も元気者たちが先頭に立って励んでいるという。

「近所のお年寄りからも、ほめてもらうことが多くなりました。例の元気者たちが、お年寄りに笑顔であいさつをしているようです……」

「悪ガキ」と見なされていた生徒たちが、地域の人たちからすっかり見直されているというのだ。校長さんたちの表情につられて、こちらの顔までゆるみっ放しだった。

いい話ではないか。子どもたちは場と機会が与えられれば、固有の持ち味をこのように発揮する。いや、今回の場合は与えられたというより、生徒自らが場の作り手でもあったのだから、なおすばらしい。

一人残らずだれもがそれぞれに備えている持ち味。これが生かされるか、生かされないか。それはどこが分岐点かといえば、持ち味が生かされる場と機会があるか、ないかなのだ。多様な「ジャンプ台」の有り無しともいえる。

今回の場合なら、畑を作るという場と機会に巡り合ったことがきっかけとなって、「悪ガキ」というレッテルが見事なまでに消滅したのだ。もしも、この場と機会に出くわさなかったなら、持ち味は埋もれたまま、生徒たちは「悪ガキ」と見なされつづけていたにちがいない。

子どもを狭い学校・教室に囲い込み、そのほとんどが座学三昧(ざんまい)。そして机上の小さな試験用紙に書き出させた中身、これで最終的な「学力」判定を下す評価システム。それが大手を振って機能し、さまざまな活動の場と機会に巡り合うことがますます困難な状況――。なんだかんだ言っても、相も変わらずこれが基本的には学校教育の姿である。今後、ますます座学の時間はふくれ上がり、やがて時間割表は臨界点に達するだろう。

子どもの詩を二つ紹介しよう。

かいむき

五年　靹　房子

朝四時におきて
母と二人でかいむきをした
赤ちゃんがしくしくなきだした
母が「もっとねえ」といって
赤ちゃんの顔をたたいた
お金があったらなあ

（足立巻一『子ども詩人たち』理論社）

あそんで

三年　のぐち てるお

おかあちゃん
びょうきでねてんねん
おとうちゃん　かいしゃ
にいちゃん　いえに　いいひんねん
おれな
よその子の　こままわし
じっと　みてるねん

（日本童詩研究会編『きりんの本　３・４年』理論社）

いずれも一九五〇年代前半、きびしい貧困のなかにある子どもが書いたものだ。その子にしか書けない、生活のなかから表現された詩である。のぐちてるおは、とても勉強どころではない元気者だった。が、書くという場と機会を得ることによって、少しずつ心をひらいていった子どもだ。

その子にフィットする「ジャンプ台」。それさえあれば、子どもは輝き出す。

園田雅春（そのだ まさはる）

1948年、京都市生まれ。びわこ成蹊スポーツ大学客員教授。大阪教育大学大学院教育学研究科修士課程修了。大阪府高槻市立小学校教諭、大阪教育大学教授、同大学附属平野小学校長（併任）、大阪成蹊大学教授をへて現職。近著に『自尊感情が育つ元気教室』（解放出版社、2016年）、『自尊感情を高める学級づくりと授業』（雲母書房、2013年）、『いま『学級革命』から得られるもの―小西健二郎の実践思想とスキル』（明治図書出版、2010年）など。

道徳科の「授業革命」——人権を基軸に

2018年6月20日　初版第1刷発行
2019年3月3日　初版第2刷発行

著者　園田雅春

発行　株式会社 解放出版社
大阪市港区波除4-1-37 ＨＲＣビル３階 〒552-0001
電話 06-6581-8542　FAX 06-6581-8552
東京事務所
東京都文京区本郷1-28-36　鳳明ビル102Ａ 〒113-0033
電話 03-5213-4771　FAX 03-5213-4777
郵便振替 00900-4-75417　HP http://www.kaihou-s.com/

印刷　モリモト印刷株式会社

ISBN978-4-7592-2038-4　NDC375.1　274P　19cm

障害などの理由で印刷媒体による本書のご利用が困難な方へ

本書の内容を、点訳データ、音読データ、拡大写本データなどに複製することを認めます。ただし、営利を目的とする場合はこのかぎりではありません。

また、本書をご購入いただいた方のうち、障害などのために本書を読めない方に、テキストデータを提供いたします。

ご希望の方は、下記のテキストデータ引換券（コピー不可）を同封し、住所、氏名、メールアドレス、電話番号をご記入のうえ、下記までお申し込みください。メールの添付ファイルでテキストデータを送ります。

なお、データはテキストのみで、写真などは含まれません。

第三者への貸与、配信、ネット上での公開などは著作権法で禁止されていますのでご留意をお願いいたします。

あて先

〒552-0001 大阪市港区波除4-1-37 HRCビル3F 解放出版社
『道徳科の「授業革命」』テキストデータ係

テキストデータ引換券
『道徳科の…』
2038